ECONOMIA POLÍTICA DA URBANIZAÇÃO

PAUL SINGER

ECONOMIA POLÍTICA DA URBANIZAÇÃO

editora**contexto**

Copyright© 1998 Paul Singer
Todos os direitos desta edição reservados à
Editora Contexto (Editora Pinsky Ltda.)

Projeto gráfico
ABBA Produção Editorial Ltda.

Diagramação
ABBA Produção Editorial Ltda.
Gustavo S. Vilas Boas

Capa
José Luiz Juhas

Revisão técnica
Adhemar Martins Marques

Revisão
Rose Zuanetti
Nanci Ricci
Karina Oliveira

Dados Internacionais de Catalogação na Publicação (CIP)
(Câmara Brasileira do Livro, SP, Brasil)

Singer, Paul, 1932 –
Economia política da urbanização / Paul Singer. –
3. ed., 1ª reimpressão. – São Paulo : Contexto, 2024.

Bibliografia
ISBN 978-85-7244-091-2

1. Urbanização – Aspectos econômicos 2. Urbanização –
Aspectos sociais I.Título.

98-0677 CDD-307.76

Índice para catálogo sistemático:
1. Urbanização : Sociologia 307.76

2024

Editora Contexto
Diretor editorial: *Jaime Pinsky*

Rua Dr. José Elias, 520 – Alto da Lapa
05083-030 – São Paulo – SP
PABX: (11) 3832 5838
contato@editoracontexto.com.br
www.editoracontexto.com.br

Proibida a reprodução total ou parcial.
Os infratores serão processados na forma da lei.

SUMÁRIO

À GUISA DE INTRODUÇÃO: URBANIZAÇÃO
E CLASSES SOCIAIS.................................. 7

MIGRAÇÕES INTERNAS: CONSIDERAÇÕES
TEÓRICAS SOBRE O SEU ESTUDO..................... 29

URBANIZAÇÃO, DEPENDÊNCIA E
MARGINALIDADE NA AMÉRICA LATINA................ 63

CAMPO E CIDADE NO CONTEXTO
HISTÓRICO LATINO-AMERICANO..................... 95

URBANIZAÇÃO E DESENVOLVIMENTO:
O CASO DE SÃO PAULO............................ 119

ECONOMIA URBANA................................ 139

ASPECTOS ECONÔMICOS DO
PLANEJAMENTO METROPOLITANO.................... 149

À GUISA DE INTRODUÇÃO: URBANIZAÇÃO E CLASSES SOCIAIS

Quando se pensa em qualquer sociedade humana que tenha atingido o estágio da civilização urbana – em que a produção e/ou a captura de um excedente alimentar permite a uma parte da população viver aglomerada, dedicando-se a outras atividades que não à produção de alimentos – a divisão entre urbe e campo aparece claramente aos olhos. São também aparentes as relações que se estabelecem entre os que vivem nas zonas urbanas e os que vivem na zona rural, mediante as quais os segundos fornecem aos primeiros parte da sua produção, em troca de produtos da cidade ou de certos serviços reais ou imaginários (governo, segurança, religião etc.). Já a divisão das mesmas sociedades em classes nem sempre aparece com a mesma clareza. Embora haja sempre uma estrutura social explícita, em castas, estamentos, grupos raciais ou religiosos etc., via de regra a divisão em classes não é óbvia. Um assalariado, por exemplo, pertence a uma classe diferente que o seu empregador, mas sendo ambos moradores da cidade (ou do campo) o seu "status" como membros da mesma *comunidade ecológica* é mais "evidente" que sua participação em classes diferentes. Somente em determinados momentos cruciais da história, quando a dinâmica da sociedade inclusiva enseja o enfrentamento global de classe contra classe, estando o futuro de toda sociedade em jogo, somente nestes momentos a estrutura de classes aparece à luz, sobrepujando as demais divisões sociais, inclusive a ecológica. Quando os camponeses da França arrasavam castelos, em apoio aos "sans-cullotes" de Paris, ou quando os Junkers prussianos se aliaram aos industriais do Ruhr em apoio ao nazismo – para apontar apenas um momento revolucionário e outro contrarrevolucionário –, ninguém deixou de perceber que o antagonismo entre campo e cidade (ou entre agricultura e indústria) tinha um caráter historicamente muito menos decisivo que as contradições de classe.

Acontece, no entanto, que mesmo durante o desenvolvimento "normal" das sociedades de classe, as relações entre as classes constituem o processo que molda a evolução da sociedade, decidindo a forma como as comunidades ecológicas se desenvolvem e se inter-relacionam, estabelecendo a bipolaridade cidade e campo apenas um efeito secundário, por assim dizer "superestrutural", daquele processo básico. Este fato fundamental é quase sempre obscurecido pela maneira como a organização ecológica da sociedade é analisada. A história das relações campo x cidade é quase sempre escrita abstraindo-se as relações de classes ou então na suposição de que há dois sistemas de classes, um urbano e o outro rural, que se contrapõem. A história, assim formulada, torna-se ininteligível na medida em que as relações de dominação entre cidade e campo apenas deixam entrever, sem revelar em sua inteireza, as relações de dominação de classe que, estas sim, "explicam" as diferentes formas assumidas pelas primeiras.

A cidade é, via de regra, a sede do poder e, portanto, da classe dominante. Isso é fácil de entender, desde que se tenha em mente a diferença fundamental entre campo e cidade. "Campo" é o lugar onde se dá a atividade primária, onde o homem entra em contato direto, *primário*, com a natureza, dela extraindo as substâncias que vão lhe satisfazer as necessidades. A transformação final destas substâncias pode-se dar no campo ou na cidade, mas a sua produção primeira, sua separação do meio natural, mediante extração, cultivo ou criação, se dá necessariamente no campo. Este tipo de atividade é, portanto, um monopólio do campo. Não importa se na cidade também vivem cultivadores, entre as atividades urbanas fundamentais não se inclui a agricultura. Uma comunidade de agricultores, por mais densamente aglomerados que vivam seus habitantes e por maior que ela seja (de fato, ela não pode ser muito grande, devido ao caráter extensivo das atividades primárias), não pode ser considerada uma cidade[1]. O que caracteriza o campo, portanto, em contraste com a cidade, é que ele pode ser – e, de fato, muitas vezes tem sido – autossuficiente. A economia natural é um fenômeno essencialmente rural. No campo se pratica a agricultura e, em determinadas condições, todas as demais atividades necessárias ao sustento material da sociedade. O campo pode, portanto, subsistir sem a cidade e realmente, na história, precedeu à cidade. Esta só pode surgir a partir do momento em que o desenvolvimento das forças produtivas é suficiente, no campo, para permitir que o produtor primário produza mais que o estritamente necessário à sua subsistência. Só a partir daí é que o campo pode transferir à cidade o excedente alimentar que possibilita sua existência.

A produção do excedente alimentar é uma condição necessária, mas não suficiente para o surgimento da cidade. É preciso ainda que se criem instituições sociais, uma relação de dominação e de exploração, que assegure a transferência do mais-produto do campo à cidade. Isto significa que a existência da cidade pressupõe uma participação diferenciada dos homens no processo de produção e de distribuição, ou seja, uma sociedade de classes. Pois, de outro modo, a transferência de mais-produto não seria possível. Uma sociedade igualitária, em que todos participam do mesmo modo na produção e na apropriação do produto, pode, na verdade, produzir um excedente, mas não haveria como fazer com que uma parte da sociedade apenas se dedicasse à sua produção, para que outra parte dele se apropriasse.

Na análise deste processo de constituição da cidade a partir da diferenciação de uma sociedade rural autossuficiente, é preciso colocar, como um *segundo* momento, a divisão do trabalho entre campo e cidade. Esta divisão de fato se dá, mas só depois que a cidade já existe. No momento de sua criação, a cidade não pode surgir com uma atividade produtiva própria. Esta se desenvolve, pouco a pouco, como *resultado* de um processo de constituição de uma classe que, por ser dominante, está livre das obrigações da produção direta.

---

[1] As cidades de mineradores constituem uma exceção, que confirma a regra. A mineração é atividade primária, mas falta-lhe a possibilidade da autossuficiência. Disto decorre que, em determinadas condições, a mineração crie cidades que, como as demais, têm de contar com um suprimento alimentar externo.

A origem da cidade se confunde, portanto, com a origem da sociedade de classes, a qual, no entanto, a precede historicamente. Em certas sociedades rurais, de formas variadas, se diferencia uma classe que passa a se dedicar totalmente a certas atividades não produtivas, em geral à guerra e à religião, recebendo do resto da sociedade o seu sustento material. Esta diferenciação não se completa, no entanto, enquanto guerreiros e sacerdotes ainda permanecem no meio rural, fazendo cultivar seus campos por servos ou escravos. Somente quando a residência dos guerreiros se transforma em forte e a dos sacerdotes em templo, agrupando-se ao seu redor as casas de seus servos especializa dos, isto é, que igualmente deixaram de ser produtores diretos, só então a estrutura de classes se consolida e o princípio da diferenciação entre campo e cidade se estabelece. Outra forma pela qual se estabeleceram sociedades de classes foi a conquista externa. Uma comunidade se impõe, pela força das armas, a outra e dela passa a extrair um excedente. Impondo à comunidade conquistada uma organização centralizada, o que permite a realização de obras de irrigação e outras que elevam o nível das forças produtivas, o povo dominador eleva o volume dos tributos, o que lhe permite, pouco a pouco, abandonar o exercício das atividades produtivas, dedicando-se exclusivamente à tarefa da dominação, como guerreiros, sacerdotes, juízes, administradores etc., desta maneira se tornando classe dominante.

Seja como for, a diferenciação social tinha de preceder a diferenciação ecológica. Nas palavras de V. Gordon Childe: "Agora é preciso admitir que a realização da segunda revolução (a revolução urbana) requeria a acumulação de capital na forma primeiramente de alimentos, que a acumulação de alimentos tinha que ser em certa medida concentrada para torná-la efetivamente disponível para fins sociais e que no Egito a primeira acumulação e concentração foi aparentemente o resultado de conquista. Mas não é demonstrável que tal conquista foi em todos os casos a causa efetiva para a necessária acumulação e concentração de capital. Na Mesopotâmia veremos que foi nominalmente um deus nativo (na prática, é claro, a corporação de seus autonomeados sacerdotes) que administrava a riqueza acumulada de uma cidade sumeriana..."[2]. Childe sustenta que a estrutura de classes tanto

---

[2] *Man makes himself*, p. 107.

poderia ter surgido como resultado de diferenciação interna como de conquista externa. De uma forma ou de outra, o que importa aqui é que a criação da cidade requeria uma acumulação prévia, entendida não como a formação de um estoque inicial (o que não teria sentido para a existência contínua de uma população urbana não produtora de alimentos), mas como um fluxo permanente de um excedente alimentar do campo à cidade. Este fluxo permanente, que põe e repõe as condições de sobrevivência da cidade, pressupõe a existência de uma estrutura de classes e, mais ainda, de uma classe dominante que resolveu isolar-se, com o seu séquito, *espacialmente* do restante da sociedade. É só a partir desta resolução, que pressupõe, repita-se, dominação, é que se pode especular sobre a "racionalidade" ou a "funcionalidade" da segregação urbana.

Uma destas especulações é que a cidade surgiu ao redor do mercado enquanto sítio ("market-place"), em função do desenvolvimento do comércio, e assim pode ter sido em numerosos lugares. Mas a cidade comercial pressupõe, para que possa surgir, um outro tipo de cidade, que assegure as caravanas de mercadores contra o roubo e os mercadores individualmente contra a fraude. A cidade comercial é fruto, portanto, de uma cidade-estado, que domina um certo território, dele extraindo um mais-produto que possa ser trocado pelo mais-produto de outros territórios. A cidade não inventa o comércio, mas muda-lhe o caráter, transformando-o de mero escambo irregular de excedentes agrícolas em intercâmbio regular de bens de luxo, em geral manufaturados. Com a cidade surge a produção regular e especializada de bens mais sofisticados (amuletos, joias, armas) de cujo intercâmbio generalizado se destaca uma mercadoria que, pouco a pouco, se transforma em equivalente geral de todas as outras, tornando-se moeda, e é a troca monetária que finalmente torna possível a ampliação da divisão social do trabalho. Mas por detrás de tudo isso, é sempre bom lembrar, se encontra necessariamente uma classe dominante, capaz de extrair um excedente alimentar suficientemente amplo do campo para sustentar não só a si mas também artífices, cuja produção constitui a razão de ser do comércio. Onde a classe dominante se mostrou impotente para concentrar um mais-produto agrícola suficiente, a manufatura não se desenvolveu nem o comércio prosperou. O longo intervalo entre o surgimento da cidade-fortaleza, no início da

Idade Média europeia, e o da cidade-comercial, no fim do mesmo período histórico, testemunha a importância desta condição.

A constituição da cidade é, ao mesmo tempo, uma inovação na técnica de dominação e na organização da produção. Ambos os aspectos do fato urbano são analiticamente separáveis, mas, na realidade, soem ser intrinsecamente interligados. A cidade, antes de mais nada, concentra gente num ponto do espaço. Parte desta gente é constituída por soldados, que representam ponderável potência militar face à população rural esparsamente distribuída pelo território. Além de poder reunir maior número de combatentes, a cidade aumenta sua eficiência profissionalizando-os. Deste modo, a cidade proporciona à classe dominante a possibilidade de ampliar territorialmente seu domínio, até encontrar pela frente um poder armado equivalente, isto é, a esfera de dominação de outra cidade. Assim, a cidade é o modo de organização espacial que permite à classe dominante maximizar a transformação do excedente alimentar, não diretamente consumido por ele, em poder militar e este em dominação política.

Convém neste ponto levantar a questão: de onde provêm os artífices e os soldados, graças a cuja atividade a economia urbana se expande? É preciso considerar que, nos modos de produção anteriores ao capitalismo, as relações de produção se constituem de tal maneira que: a) os produtores se apropriam das condições de produção, a começar do solo, de modo direto, no sentido de assegurar-se o seu uso; b) este uso tem sempre por finalidade primordial a produção de valores de uso. É para preservar as condições de apropriação, defendendo-as de ameaças externas e subordinando-as internamente a determinadas regras que asseguram sua continuidade, que o camponês se submete à vassalagem, dispondo-se a produzir mais valores de uso que os necessários à sua sobrevivência e dispondo-se, outrossim, a oferecer o seu braço, ou o de seu filho, para as tarefas da guerra e da manutenção da ordem.

Com o crescimento da população e a ocupação cada vez mais adensada do solo agriculturável, multiplicam-se as exigências que decorrem destas atividades de preservação: os choques mais frequentes com povos vizinhos tornam incompatível o exercício simultâneo da produção e da defesa (ou ataque), levando à profissionalização de uma parte dos ex-produtores como soldados; no mesmo sentido atuam os choques internos que se produzem, na medida em que o crescimento da demanda esgota a capacidade das forças produtivas de satisfazê-la. Não cresce apenas a população dos produtores, mas também as famílias dos senhores e dos seus agregados (servos domésticos, sacerdotes, burocratas), que demandam um crescente volume de mais-produto do camponês. A conscrição do filho do camponês cria as condições de coerção que permitem que este volume acrescido de mais-produto seja expropriado. Nas palavras de Marx: "*O fim de todas estas coletividades é a preservação, isto é, a reprodução dos indivíduos, que as formam, como proprietários, isto é, no mesmo modo objetivo de existência, que, ao mesmo tempo, forma o relacionamento dos membros entre si e portanto a própria comunidade. Esta reprodução, no entanto, é simultaneamente produção renovada e destruição da velha forma.* Por exemplo, onde cada indivíduo deve possuir um tanto de solo cultivável, já o progresso da população se atravessa no caminho. Se se deve possibilitá-lo, então há que empreender colonização, o que torna necessária a guerra de conquista. Com ela, escravos etc. Ampliação do *ager publicus* (área de uso comum), por exemplo, também, e com ela patrícios que representam a coletividade etc. Deste modo, a preservação da velha coletividade compreende a destruição das condições sob as quais ela repousa, transformando-se em seu contrário. Se se pensa por exemplo que a produtividade pode ser expandida na mesma área mediante o desenvolvimento das forças produtivas etc. (isso na agricultura tradicional é exatamente o mais vagaroso), esta alternativa pressuporia novos modos e combinações do trabalho, a utilização de grande parte do dia na agricultura etc. e com isso as velhas condições econômicas da coletividade seriam de novo superadas."[3]

É, no fundo, o êxito no sentido mais profundo, histórico e quase biológico, que Marx denomina de "velha coletividade", isto é, modos de produção que se baseiam na apropriação direta das condições de produção pelo produtor; é este êxito que torna possível a expansão demográfica trazendo consigo

---

[3] *Grundisse der Kritik der Politischen Ökonomic*. Europa Verlag, Eien, s.d., pp. 393-4 (sublinhado no original – P.S.).

exigências cuja satisfação requer a dissolução das "velhas relações de produção", ou seja, a separação (inicialmente parcial) do produtor das condições objetivas de sua atividade.

A situação básica de tensão entre o crescimento da população e o estágio alcançado pelas forças produtivas só conhece duas saídas: ou os conflitos resultantes abrem caminho a um novo desenvolvimento das forças produtivas ou eles acarretam fomes e epidemias que detêm o crescimento da população, dizimando-a. De uma forma ou de outra, parte da população tem que ser retirada do campo. É a sua saída para a cidade que possibilita o salto para diante das forças produtivas.

A transformação da cidade em centro de produção (e não só de exploração do campo) só pode resultar de uma luta de classes entre senhores e servos ou patrícios e plebeus, no curso da qual ambos os lados se redefinem, redefinindo o conjunto de suas relações. Neste processo, parte do mais-produto, que ainda continua vindo à luz como valor de uso, transforma-se, na mão de uma nova classe dominante, em valor de troca, em mercadoria. É com base nesta transformação que a cidade se insere na divisão social do trabalho, alterando-a pela base. Surge uma nova classe de produtores urbanos, retirada originalmente do campo, e que, por estar na cidade, pode elevar a um novo patamar as forças produtivas. Acima desta, surge uma nova classe dominante que, em contraste com a velha, não se apropria de um mais-produto formado por valores de uso, mas acumula riqueza "móvel", valores de troca, que podem reingressar no circuito produtivo na medida em que se encontram, no mercado, trabalhadores que, de alguma maneira, foram desligados da "velha comunidade" e que, por isso, não são mais proprietários de suas condições de produção, sendo obrigados, portanto, a alienar ou o fruto do seu trabalho ou sua força de trabalho. É importante compreender que a origem desta "nova" relação de produção só poderia se dar na cidade, isto é, num lugar em que a prática da economia natural é, por definição, impossível. Nas condições em que o campo ainda permanece dominado pelas "velhas" relações de produção, o modo de assegurar que o produtor se dedique sistemática e definitivamente à produção de valores de troca é separá-lo do seu fundo de subsistência, coagindo-o a obter, mediante a venda, os meios para comprar os víveres de que necessita.

Nesta fase, a cidade deixa de ser meramente a sede da antiga classe dominante para tornar-se o centro de uma nova classe rival de mercadores, usurários, especuladores, coletores de impostos etc. Não se trata de capitalistas ainda, pois sua existência depende, no fundo, da simbiose entre as novas e as velhas relações de exploração. A grande maioria da população vive no campo e produz um excedente alimentar que é, em grande parte ainda, apropriado pela velha classe dominante, a qual passa, no entanto, a aliená-lo em troca dos produtos de luxo trazidos do exterior pelos mercadores. Estes, por sua vez, usam a parcela do excedente alimentar assim adquirido para obter do artesanato urbano local (organizado geralmente em corporações) mercadorias que, exportadas, proporcionam recursos com os quais novos carregamentos de artigos de luxo podem ser importados. Ao mesmo tempo, o camponês é induzido a aumentar a produção de alimentos de diversos modos: mercadores trazem-lhe novas variedades de plantas e animais (introdução da batata na Europa, do açúcar na América etc.); os terratenentes elevam as rendas, para dispor de mais produtos a serem alienados em troca de manufaturas; estas também acabam sendo desejadas pelo camponês, que procura trazer um maior volume de seus produtos ao mercado, para poder adquiri-las.

Tudo isso colocou os pressupostos sociais e econômicos que possibilitaram um notável avanço das forças produtivas. Vejamos, agora, como isso ocorreu.

A aglomeração urbana permite uma expansão imensa da divisão do trabalho. Como já o mostrou Adam Smith, o limite da divisão do trabalho é o tamanho do mercado. Este tamanho é dado por fronteiras políticas e pelos custos dos transportes. A cidade rompe esta última barreira, ao aglomerar num espaço limitado uma numerosa população. O atendimento dos mercados urbanos possibilita a especialização dos ofícios, com o consequente desenvolvimento das técnicas (metalurgia, cerâmica, vidraria etc.), que chega a atingir grande esplendor ainda na Antiguidade. Até o surgimento do transporte mecanizado, o custo do transporte constitui um impedimento efetivo da expansão dos mercados, exceto para produtos de grande densidade de valor (geralmente bens de luxo). Nestas condições, a proximidade entre produtores e consumidores, propiciada pelo convívio urbano, reúne num mesmo mercado uma considerável massa populacional, cuja demanda permite a multiplicação das atividades especializadas. O efeito sobre o desenvolvimento das forças produtivas é tão ponderável que é lícito se pensar numa "revolução urbana" num sentido análogo ao da revolução industrial.

Mas a expansão da divisão de trabalho intraurbana, ensejada pelo crescimento da cidade, se desdobra, a partir de certo momento, na constituição de uma divisão de trabalho *entre* diferentes núcleos urbanos. Este desdobramento eleva as forças produtivas a um novo patamar, pois permite o surgimento de atividades especializadas que suprem uma demanda muito mais ampla que a do mercado local. A condição para tanto, porém, é que a rede urbana integrada nesta divisão do trabalho esteja politicamente unificada, ou seja, sob o domínio de um poder centralizado. Embora desde a Antiguidade houvesse um certo comércio "internacional", isto é, transações entre sociedades politicamente independentes, este comércio estava sujeito a uma série de acordos (quase sempre precários) entre estados, o que limitava sua expansão. É a unificação de uma série de cidades-estado em impérios que, de fato, cria as condições para o florescimento de uma ampla divisão interurbana do trabalho. Neste sentido, o exemplo de Roma é dos mais marcantes. Escrevendo a respeito da constituição e apogeu do império romano, diz Childe: "Júlio e Augusto puseram fim aos piores excessos dos governadores senatoriais. Eles deram ao império uma administração razoavelmente eficiente e honesta. Acima de tudo lhe deram paz. Por cerca de 250 anos a grande unidade gozou de paz interna num grau até aquele momento jamais gozado por uma área tão grande (...). O resultado imediato foi um renascimento da prosperidade e, ao menos nas novas províncias do oeste, um aumento da população. Em todas as novas províncias na Gália (França e Bélgica), Alemanha (o Vale do Reno) e Britânia (Inglaterra), assim como na Espanha e África do Norte, cidades do padrão greco-romano foram estabelecidas (...). Rostovtzeff chamou uma vez as novas cidades de 'colmeias de zangões', mas elas foram também de indústria e comércio. Os ofícios exercidos nelas supriam não a penas os cidadãos e a população rural da vizinhança de bens manufaturados, mas também bárbaros bem além das fronteiras do império. Caçarolas de bronze feitas em Capua por exemplo apareceram na Escócia,

Dinamarca, Suécia, Hungria e Rússia (...). O comércio circulava livremente através do império. As cidades estavam ligadas por uma rede de soberbas estradas. Portos foram, em todos os lugares, melhorados ou construídos e as vias marítimas estavam agora livres de piratas. Cerâmica manufaturada na Itália foi encontrada na Ásia Menor, Palestina, Chipre, Egito, África do Norte, Espanha e sul da Rússia; os produtos das fábricas da França alcançavam a África do Norte e o Egito, assim como a Espanha, a Itália e a Sicília."[4].

O império romano talvez tenha sido a mais ampla economia urbana pré-industrial que já existiu, entendendo-se por economia urbana uma organização da produção que se baseia na divisão do trabalho entre campo e cidade e entre diferentes cidades. A economia urbana, ao mesmo tempo em que requer um espaço político para seu desenvolvimento, proporciona os fundamentos materiais para que este espaço se constitua. Uma vez estabelecida, a economia urbana integra as diferentes partes do território, ao especializá-las produtivamente, tornando-as interdependentes, o que reforça sua unificação política. Pode-se entender, desta maneira, como o ressurgimento da economia urbana, na Europa, no fim da Idade Média, coincidiu com a criação dos primeiros estados nacionais.

Quando a divisão do trabalho entre cidade e campo se estabelece firmemente, a cidade deixa de ser apenas a sede da classe dominante, em que o mais-produto do campo somente é consumido (*in natura* ou transformado), para se inserir no circuito metabólico homem-natureza. A transformação dos elementos da natureza pelo homem passa a ser apenas iniciada no campo, mas é completada na cidade. Desta maneira, o homem do campo passa a ser consumidor de produtos urbanos, estabelecendo-se uma verdadeira *troca* entre cidade e campo.

O estabelecimento da divisa o do trabalho entre cidade e campo é um processo longo, que depende, em última análise, do ritmo de desenvolvimento das forças produtivas *urbanas*. O centro dinâmico deste processo é a cidade, que multiplica suas atividades de duas maneiras: a) capturando atividades antes exercidas no campo e incorporando-as à sua economia; b) criando novas

---

[4] *What happened in history.* New York, Penguin Books, 1946, pp. 256 e 258.

atividades mediante a produção de novas técnicas e/ou de novas necessidades. A distinção entre as duas maneiras é dificultada pelo fato de que as atividades anteriormente exercidas no campo ressurgem, na cidade, transformadas mediante inovações técnicas e/ou organizacionais, de modo que se confundem com atividades inteiramente novas, de cunho exclusivamente urbano. Seja de que maneira for, o estabelecimento desta divisão de trabalho é assistida, ou melhor, sofrida passivamente pelo campo. Na medida em que as forças produtivas urbanas se desenvolvem, o camponês aumenta a produção de mercadorias que vende à cidade e adquire mais produtos urbanos. É claro que este processo raramente é espontâneo, no sentido de que o comportamento do camponês seja pautado por algum tipo de cálculo econômico de "custos e benefícios". Em geral, o camponês aumenta a sua produção de mercadorias porque lhe elevam a renda que paga pela terra, a carga tributária ou os juros. Em casos extremos ele é expropriado, transformando-se em escravo, servo ou assalariado.

O desenvolvimento das forças produtivas urbanas, por sua vez, não pode ser pensado como um processo apenas econômico. Ele é condicionado pela expansão da divisão de trabalho intra e interurbana, portanto pelo tamanho e pela qualidade do espaço político, no qual a cidade se insere. Entendemos por "qualidade" do espaço político a natureza das relações de produção que se estabelecem no campo e na cidade, que vão condicionar a composição e o tamanho do mais-produto, extraído dos produtores diretos do campo e da cidade, e a proporção dele que retorna ao processo produtivo com o fito de ampliá-lo ou diversificá-lo. As relações de produção decorrem dos modos de produção que prevalecem no campo e na cidade e que colocam determinadas barreiras à expansão das forças produtivas.

Quando se examinam realidades históricas concretas, percebe-se que na civilização urbana coexistem, frequentemente, diferentes modos de produção. Em Roma, a produção simples de mercadorias, praticada por camponeses e artesãos, se desenvolveu paralelamente à economia escravagista. Na Europa, durante a Idade Média, a servidão no campo e as corporações nas cidades continuaram por muito tempo, enquanto o capitalismo comercial, baseado na indústria doméstica e no sistema do "putting out"[5], se desenvolvia nas aldeias. Em cada momento e lugar, a estrutura de classes concreta resulta da presença simultânea de diferentes modos de produção. As tensões e conflitos entre classes são produzidos por duas diferentes linhas de ruptura, que se entrecruzam. De um lado, se tem a contradição entre dominadores e dominados: senhores e escravos, senhores e servos, mestres e oficiais (nas corporações) etc. Do outro, surge a contradição entre as classes dominantes dos diferentes modos de produção coexistentes na mesma sociedade e que disputam a apropriação das mesmas condições de produção (basicamente terra e força de trabalho): donos de escravos e mestres de ofício, senhores feudais e comerciantes capitalistas etc.

Este último tipo de luta de classe pode ser entendido como um conflito entre diferentes modos de produção, cada um dos quais incorpora uma certa potencialidade no que se refere ao desenvolvimento das forças produtivas. Do resultado deste conflito, que nem sempre constitui a hegemonia de um modo de produção e a destruição de outros, podendo se dar vários tipos de acomodação e coexistência conflitante, depende a continuidade ou não do desenvolvimento das forças produtivas. A luta entre dominadores e dominados, *dentro* de cada modo de produção, influi poderosamente neste resultado, na medida em que enfraquece a classe dominante de um modo de produção e pode reforçar o grupo dominante rival.

Pode-se interpretar deste modo o surgimento do capitalismo no seio da sociedade feudal, sua longa luta para se desenvolver e o seu triunfo final como uma etapa histórica do desenvolvimento das forças produtivas urbanas. O capitalismo surge

---

[5] Sistema através do qual a produção de mercadorias se realizava *fora* das cidades e que se desenvolveu na Europa ocidental em fins da Idade Média e início da Idade Moderna. Com este sistema, o capital comercial rompia o monopólio da produção exercido pelas Corporações de Ofício que atuavam nas cidades. Com o sistema de "putting out" ("verlag", em alemão), desenvolve-se a figura do intermediário entre os produtores diretos (camponeses que realizavam o trabalho) e o mercado. Ressalte-se que, diferentemente da produção das oficinas medievais, neste novo sistema, que coexistiu com as Corporações, os produtores diretos já não mais possuem as mercadorias produzidas. Acentuam-se, portanto, a divisão do trabalho e o processo de expropriação. No Brasil contemporâneo, o sistema de "putting out" pode ser comparado às facções.

na cidade, no centro dinâmico de uma economia urbana, que lentamente se reconstitui na Europa, a partir do século XIII. Durante os séculos seguintes, a libertação de certas cidades do domínio feudal, a fuga dos servos para estas cidades, o estabelecimento das ligas de cidades comerciais e o surgimento de uma classe de comerciantes e banqueiros preparam o terreno para a Revolução Comercial, no século XVI, que estabelece, finalmente, uma divisão do trabalho interurbana no plano mundial, assegurando um amplo e contínuo desenvolvimento das forças produtivas. Neste processo, a capacidade associativa da cidade medieval, ou melhor, de sua classe dominante – a burguesia –, no sentido de se unir dentro da cidade contra as demais classes e de se associar a outras cidades num sistema cada vez mais amplo de divisão do trabalho, ou seja, de se constituir como *classe,* desempenha um papel essencial. "De fato, esta capacidade aparece como uma contradição destrutiva no interior da sociedade medieval; o 'modo de produção', na medida em que ele chega a se constituir com suas funções e estruturas, na medida em que o pensamento teórico chega a concebê-lo como um todo, implica uma *hierarquização* (tão estrita como múltipla: as ordens, a nobreza, o clero) que utiliza, *esmagando-as,* as relações conflitantes (entre camponeses e senhores, entre senhores e burgueses, entre príncipes e reis, entre o Estado nascente e os 'sujeitos' etc.). Verifica-se que a relação 'cidade-campo' resiste a este esmagamento, e por consequência ocasiona o desabamento de uma poderosa arquitetura sociopolítica. O caráter associativo inerente à cidade acaba por arrastar o campo, por engendrar formas novas que o superam. Ele triunfou, não sem lutas, sobre a hierarquização inerente ao feudalismo e os conflitos sem saída (os dos camponeses contra os senhores, entre outros). O modo de produção, como totalidade, compreendia uma contradição essencial ou principal, dissolvente ou sobretudo destrutiva, mas dinâmica, pois concentrava e resolvia os demais conflitos. Esta contradição era mais poderosa que aquela, que impressiona à primeira vista, entre os servos e os (senhores) feudais, os camponeses e os senhores."[6]

---

[6] LEFEBVRE, H. *La Pensée Marxiste et la Ville.* Casterman, Tournai, 1972 (sublinhado no original).

Vale a pena ressaltar o fato de que a burguesia comercial começou a se desenvolver à base do excedente de produção do artesanato, organizado corporativamente. Mas o interesse dos mestres de ofício, abrigado e preservado pela regulamentação corporativa, logo se opôs à expansão das forças produtivas, que o comércio em escala mundial requeria. A posição e os privilégios de cada mestre se baseavam na minuciosa observância das mesmas e imutáveis regras técnicas de produção. Deste modo, limitava-se o número de mestres e excluía-se a competição entre eles. Mesmo quando o número de trabalhadores urbanos – oficiais, aprendizes e jornaleiros – se multiplicava, o número fixo de mestres e sua restrita capacidade de produção limitava severamente o volume de produtos colocados à disposição do mercador.

Encontrava-se, assim, a burguesia comercial entre duas barreiras: o monopólio sobre o excedente alimentar exercido pela aristocracia feudal e o monopólio sobre a produção manufatureira exercido pela elite corporativa. A primeira barreira mostrou-se inicialmente mais frágil. A servidão no campo, corroída por dentro pela crescente comercialização do excedente alimentar, liberava mão de obra nas aldeias, que o comerciante passou a aproveitar para a produção de manufaturas. Surge assim a indústria doméstica: com matérias-primas e (muitas vezes) ferramentas fornecidas pelo comerciante, membros da família camponesa passam a produzir em escala cada vez maior mercadorias, sem estarem sujeitos à regulamentação corporativa, cuja vigência se limitava à área urbana. Aprofunda-se a divisão do trabalho, com o surgimento de novas funções especializadas, elevando-se o nível das forças produtivas. É a revolução da *manufatura,* que se dá *fora* da cidade e *contra* a cidade. A produção manufatureira cai cada vez mais sob o domínio do capital comercial, cuja força política cresce na mesma proporção que o seu poderio. Forja-se a aliança entre o capital comercial e a autocracia real, que se dirige simultaneamente contra a aristocracia feudal, em cujo particularismo local entrava o comércio, e contra as corporações urbanas, cuja resistência à ampliação da escala de produção obstaculiza o desenvolvimento das forças produtivas.

A política econômica posta em prática por esta aliança, inspirada nas doutrinas mercantilistas, visava a criação de monopólios comerciais mediante a expansão colonial, a abolição dos privilégios feudais no campo e da regulamentação corporativa na cidade. A abolição das barreiras internas ao comércio, as conquistas no além-mar e o enfraquecimento das corporações foram os principais instrumentos desta política. Foi assim que o capital comercial "triunfou sobre a hierarquização inerente ao feudalismo", abrindo caminho a novos e formidáveis avanços das forças produtivas.

Se a revolução manufatureira se orientou, pelo menos em seu princípio, contra a cidade, conquistando-a, de fora para dentro, a revolução industrial teve por palco, desde o início, a área urbana. A revolução industrial tem por base uma alteração no modo de produção, que torna o investimento no *instrumento de produção,* e não mais apenas na matéria-prima e no produto acabado, altamente lucrativo. Até então os instrumentos de produção (de modo geral, simples ferramentas) eram de propriedade do produtor direto, que os manejava. Este era explorado pelo mestre de ofício, na cidade, ou pelo comerciante, nos subúrbios e nas aldeias. Mas, com a expansão da manufatura, cuja extensa divisão do trabalho tendia a desmembrar os antigos ofícios, reduzindo-os a uma miríade de funções especializadas e *mutuamente dependentes,* tornava-se possível empregar homens sem longo aprendizado anterior, que eram adestrados com relativa rapidez no trabalho e que se inseriam no processo produtivo apenas como assalariados. Tais homens não dominavam mais as condições de produção nem possuíam os instrumentos do trabalho, que lhes eram colocados à disposição pelo empregador. A partir deste momento, estão postas as condições para separar o produtor de suas condições de produção, subordinando-as ao capital. Surge o "fabricante", cuja meta é a valorização do seu capital, tanto em sua forma fixa como circulante, dando sempre preferência às técnicas de produção que permitem obter um dado valor de uso com o menor gasto de tempo de trabalho (vivo ou morto) socialmente necessário. Esta nova classe de fabricantes "descobre" que a aplicação das inovações técnicas – a energia do vapor, o tear mecânico, a máquina de fiar etc. – propicia lucros remuneradores, uma vez que a economia de capital vivo (força de trabalho) proporcionado pelas novas técnicas mais do que compensa os gastos com capital constante (máquinas).

O resultado deste processo – a moderna unidade de produção, a fábrica – é necessariamente um fenômeno urbano. Ela exige, em sua proximidade, a presença de um grande número de trabalhadores. O seu grande volume de produção requer serviços de infraestrutura (transportes, armazenamento, energia etc.), que constituem o cerne da moderna economia urbana. Quando a fábrica não surge já na cidade, é a cidade que se forma em volta dela. Mas é, em ambos os casos, uma cidade diferente. Em contraste com a antiga cidade comercial, que impunha ao campo o seu domínio político, para explorá-lo mediante uma intrincada rede de monopólios, a cidade industrial se impõe graças à sua superioridade produtiva. A burguesia industrial toma o poder na cidade em nome do liberalismo e varre para fora do cenário a competição das formas arcaicas de exploração. O capital comercial perde seus privilégios monopolísticos e acaba se subordinando ao capital industrial, reduzido ao papel de mero intermediário.

Quando se dá a Revolução Industrial, a economia mundial, no sentido de uma ampla divisão internacional do trabalho que abrange cidade e campo de múltiplos países, já estava dada. Nesta economia mundial, a posição dos vários países não era a mesma. O acesso ao mercado externo de cada país dependia do seu poder político, sobretudo de sua capacidade de monopolizar colonialmente territórios no além-mar e de dominar rotas marítimas. Neste sentido, a Grã-Bretanha desponta, no fim do século XVIII, como a potência líder da economia mundial. É o domínio inglês de uma ampla gana de mercados externos, a condição chave da Revolução Industrial, que se inicia naquele país. Como o salientaram Marx e Engels: "A concentração do comércio e da manufatura, que se desenvolveu sem pausa no século XVII, num país, a Inglaterra, criou para este país paulatinamente um certo mercado mundial e, com ele, uma demanda pelos produtos manufaturados deste país que não poderia mais ser satisfeita mediante as forças produtivas industriais de então. Esta procura que sobrepujava a capacidade das forças produtivas foi a força motriz que fez surgir o terceiro período da propriedade privada desde a Idade Média, ao produzir a grande indústria – a utilização de forças elementares para fins industriais, a maquinaria e a mais extensa divisão do trabalho."[7]

---

[7] *Die Deutsche Ideologie*. Dietz Verlag, Berlin, 1957, pp. 58-59.

O uso de novas formas de energia e da maquinaria não só correspondeu à exigência de uma demanda concentrada, mas exigiu por sua vez, para se tornar rentável, em comparação com as técnicas manufatureiras até então praticadas, uma demanda muito ampla e, portanto, concentrada. Sem uma produção em grande escala, o investimento em capital fixo não pode ser amortizado. Este fato está na base do caráter desigual e contraditório que a Revolução Industrial assumiu no plano mundial, praticamente desde o seu início. A grande indústria permaneceu apanágio britânico durante cerca de um século – dos fins do século XVIII ao último quartel do seguinte. Durante todo este período, a economia urbana inglesa permaneceu como centro dinâmico de um sistema internacional de divisão do trabalho que tinha o campo da maior parte dos outros países como grande área periférica. A partir de 1875 mais ou menos este quadro se modifica, mas apenas no sentido da substituição do monopólio industrial inglês pelo monopólio análogo de um punhado de nações – Estados Unidos, Alemanha, Japão, França, além da própria Inglaterra etc. – cuja economia urbana se industrializa, passando a absorver, do campo de seus próprios países e dos demais, matérias-primas e alimentos, fornecendo em troca bens industrializados. Sendo a concentração o traço essencial da indústria fabril, que o progresso técnico dos últimos 200 anos não fez mais que acentuar, era inevitável que os países que não pudessem contar com um acesso privilegiado a amplas parcelas do mercado mundial não se industrializassem, passando a constituir, num sentido muito amplo da expressão, o "campo" das "cidades" industriais do mundo. Tomando-se a industrialização como a forma "normal" de desenvolvimento, passou-se a reconhecer que estes países – a grande maioria da humanidade – permaneceram "subdesenvolvidos".

Para que a industrialização se generalizasse, tornando possível o surgimento de centros industriais em numerosos países, era preciso que a demanda por produtos industriais se ampliasse extraordinariamente e pudesse, assim, ser repartida de forma menos concentrada. E foi o que aconteceu, em virtude, antes de mais nada, da profunda mudança que a Revolução Industrial ocasionou nas relações entre campo e cidade. Como se viu acima, a população rural já se tinha tornado, mesmo antes do surgimento da indústria fabril, consumidora de produtos manufaturados de origem urbana. Mas, enquanto a grande indústria não barateou estes produtos, a divisão do trabalho entre campo e cidade permaneceu sobremodo limitada. Os camponeses efetivamente adquiriam bens manufaturados das cidades, mas mantinham ainda uma ampla produção (sobretudo alimentos, instrumentos de trabalho, construção) para seu autoconsumo. Com o advento da indústria, a superioridade do produto urbano, tanto em preço como em qualidade, pouco a pouco eliminou a produção de subsistência do campo, transformando o camponês num agricultor especializado. A partir de um certo momento, a indústria urbana revolucionou também a tecnologia agrícola, passando a fornecer ao campo seus principais instrumentos de produção: arados de ferro, fertilizantes, tratores, colhedeiras, energia elétrica, vacinas etc.

Dois foram os efeitos mais gerais deste processo de "industrialização" da agricultura. De um lado eliminou completamente a produção de subsistência do campo, ao menos nos países industrializados: cada exploração agrícola passou a se dedicar a apenas algumas poucas culturas, passando, a partir daí, a não poder mais sequer produzir alimentos para seus trabalhadores. A substituição dos animais de tiro pelo trator contribuiu muito neste sentido, ao permitir a dissociação da lavoura da criação de gado. Deste modo, a cidade ficou sendo o lugar no qual se concentra não apenas o excedente alimentar produzido no campo, mas *toda* produção agrícola, a qual é comercializada, transformada industrialmente e, em parte, redistribuída ao campo a partir da cidade. Do outro lado, a "industrialização" da agricultura permitiu imensa expansão das forças produtivas do campo ou, mais precisamente, um aumento formidável da produtividade do trabalho agrícola. A consequência deste fato foi um amplíssimo desemprego tecnológico na agricultura, pois a demanda pelos produtos do campo cresceu muito menos que as forças produtivas que pudessem satisfazê-la. É preciso acentuar que, embora a "industrialização" da agricultura já se dê há quase um século, o seu efeito sobre a produtividade e o emprego no campo só se fez sentir, na maioria dos países industrializados, há umas poucas décadas.

A divisão do trabalho entre campo e cidade sofreu, deste modo, uma transformação tão ampla que hoje já é legítimo se colocar a dúvida quanto à validade da distinção entre campo e cidade. Não é difícil prever uma situação em que a maioria da população "rural", no sentido ecológico, se dedique a funções urbanas e que a prática da agricultura – mecanizada, automatizada, computadorizada – em nada se distinga das demais atividades urbanas. Este certamente não é o lugar para se aprofundar este tema. Basta indicar que a população do campo nos países industrializados foi totalmente integrada no mercado da grande indústria; tanto emigrando para a cidade (tangida pelo desemprego tecnológico), como permanecendo no campo[8]. Nos países não industrializados surgiram (devidamente fomentados pelos representantes de demanda) importantes Setores de Mercado Externo, integrados na divisão internacional do trabalho e cuja população também passou a demandar produtos da grande indústria. Se, além disso, for lembrado o forte crescimento da população mundial, a partir dos dois últimos séculos pelo menos, não será difícil entender como foi possível expandir a procura pelos produtos industriais num ritmo tão rápido que possibilitou, *ao mesmo tempo,* o avanço da tecnologia (e portanto das escalas de produção) e a difusão da indústria por grande número de países, inclusive da América Latina, Ásia e África.

Os países que chegaram tarde ao cenário industrial tendem a sofrer todo esse processo de mudança em sua estrutura social, econômica e ecológica de uma forma concentrada. Muitos destes países não passaram pela fase da economia urbana manufatureira (pré-industrial), e os que chegaram a ter este modo de produção viram-no ser exterminado pelas forças de penetração, inicialmente político-militares e depois econômicas, dos países onde já dominava a grande indústria. Nas cidades destes países, o aparecimento de uma burguesia capaz de "resistir ao esmagamento e fazer desabar a poderosa arquitetura sociopolítica" da velha ordem colonial deu-se tardiamente e em condições completamente diferentes das que presidiram o seu aparecimento original na Europa. Para mencionar apenas uma destas novas condições: enquanto a burguesia medieval europeia se defrontava, dentro da cidade, com uma mão de obra constituída por

---

[8] N.E.: A título de exemplo, ressalte-se que, nos dias de hoje, apenas 2% da população economicamente ativa, nos Estados Unidos, dedica-se às atividades agrícolas.

servos fugidos da gleba, incapazes de organizar-se como classe, a burguesia dos países recém-industrializados já se defronta com um proletariado que se constitui como classe ao mesmo tempo que ela, burguesia.

* * *

Os ensaios que se seguem tratam dos problemas da urbanização no contexto do desenvolvimento. Todos eles têm, como traço teórico comum, um enfoque globalizador: a problemática urbana só pode ser analisada como parte de um processo mais amplo de mudança estrutural, que afeta tanto cidade como campo, e não se esgota em seus aspectos ecológicos e demográficos. Na verdade, hoje mais do que no passado, estes aspectos não passam de uma primeira aparência de um processo mais profundo de transformação da estrutura de classes e dos modos de produção presentes. É por isso que a análise do processo de urbanização não passa, muitas vezes, de uma abordagem inicial que é obrigada a superar o seu próprio tema se, de fato, deseja elucidá-lo. Portanto, quando se pensa em urbanização numa sociedade que se industrializa, é preciso procurar pelo papel que as classes sociais desempenham nela, pois, em caso contrário, ela tende a ser tomada como um processo autônomo, fruto de mudança de atitudes e valores da população rural, perdendo-se de vista seu significado essencial para o conjunto da sociedade.

MIGRAÇÕES INTERNAS: CONSIDERAÇÕES TEÓRICAS SOBRE O SEU ESTUDO

O Caráter Histórico das Migrações Internas

Como qualquer outro fenômeno social de grande significado na vida das nações, as migrações internas são sempre historicamente condicionadas, sendo o resultado de um processo global de mudança, do qual elas não devem ser separadas. Encontrar, portanto, os limites da configuração histórica que dão sentido a um determinado fluxo migratório é o primeiro passo para o seu estudo. Ravenstein[1], por exemplo, estudou as migrações internas na Grã-Bretanha, no contexto da revolução industrial. Suas "leis da migração" dificilmente se aplicariam às grandes migrações dos povos germânicos que puseram fim ao Império Romano ou às migrações dos ameríndios do norte ao sul do continente, no período pré-colombiano. No entanto, elas se aplicam razoavelmente às migrações do campo à cidade de numerosos países em processo de industrialização, inclusive vários da América Latina. Isso leva a formular a hipótese da existência de tipos historicamente definidos de migrações, condicionadas pela industrialização.

---

[1] RAVENSTEIN, E. G. "The Laws of Migration", *Journal of the Royal Statistical Society*, XLVIII, Part 2 (June, 1885).

A análise do processo de industrialização mostra, no entanto, que o seu caráter tem sofrido modificações profundas, que levam a distinguir pelo menos três modalidades de industrialização: a) a Revolução Industrial "original", que começou no século XVIII, na Inglaterra, e rapidamente se expandiu na Europa Ocidental e Central e na América do Norte, da qual resultou o sistema econômico dos países capitalistas desenvolvidos de hoje em dia; b) a industrialização dos países de economia centralmente planejada, iniciada na União Soviética com o Primeiro Plano Quinquenal (por volta de 1930) e que teve lugar em vários países da Europa Oriental, Ásia e América (Cuba); c) a industrialização em moldes capitalistas, igualmente recente, das ex-colônias europeias da América Latina, Ásia e África. Uma primeira questão importante a examinar, portanto, é em que medida diferentes modalidades de industrialização condicionam ou não tipos correspondentemente diferentes de fluxos migratórios.

Industrialização e Migração

O processo de industrialização não consiste apenas numa mudança de técnicas de produção e numa diversificação maior de produtos, mas também numa profunda alteração da divisão social do trabalho. Numerosas atividades manufatureiras, que antes eram combinadas com atividades agrícolas, são separadas destas, passando a ser realizadas de forma especializada em estabelecimentos espacialmente aglomerados. A aglomeração espacial da atividade industrial se deve à necessidade de utilização de uma mesma infraestrutura de serviços especializados (de energia, água, esgotos, transporte, comunicações etc.) e às economias externas que decorrem da complementaridade entre os estabelecimentos industriais. Para reduzir os custos de transporte que consubstanciam estas economias externas, as empresas que realizam intenso intercâmbio de mercadorias tendem a se localizar próximas umas das outras. Surge daí a cidade industrial.

Uma vez iniciada a industrialização de um sítio urbano, ele tende a atrair populações de áreas geralmente próximas. O crescimento demográfico da cidade torna-a, por sua vez, um mercado cada vez mais importante para bens e serviços de consumo, o que passa a constituir um fator adicional de atração de atividades produtivas que, pela sua natureza, usufruem de vantagens quando se localizam junto ao mercado de seus produtos. Tal é o caso das indústrias de bens de consumo não duráveis, dos serviços de consumo coletivo (escolas, hospitais etc.), de certos serviços de produção (comércio varejista) e assim por diante.

As cidades que acabaram por se industrializar foram, geralmente, aquelas que já tinham relativa expressão urbana por terem sido antes importantes centros comerciais. Tais centros, quase sempre, já possuíam parte dos serviços de infraestrutura que a indústria necessitava. A industrialização, por sua vez, fez surgir uma grande variedade de novos serviços (de educação, de pesquisa científica, governamentais, de finanças, contabilidade etc.), além de fazer crescer enormemente muitos dos já existentes. Sendo os serviços atividades que têm de ser executadas junto aos usuários, a cidade acabou sendo o lugar onde todas estas atividades passaram a se realizar. Houve inclusive a transferência à cidade de numerosos serviços que antes eram executados em áreas rurais. Na sociedade pré-industrial o camponês transporta seus produtos até o mercado onde ele mesmo os vende (geralmente em feiras periódicas). Além disso, a educação e os cuidados da saúde são providos por membros da própria comunidade. Com a industrialização, estes serviços passam a ser prestados por estabelecimentos especializados, a partir de uma base urbana.

Toda esta transferência de atividades do campo à cidade parece ser motivada por uma exigência técnica da produção industrial: a aglomeração espacial das atividades – que se traduz em sua urbanização – parece ser um requisito de sua crescente especialização e consequente complementaridade. Há que acrescentar ainda o imenso crescimento das escalas de produção, que torna a especialização economicamente rentável e leva ao surgimento de estabelecimentos de grande porte. O gigantismo das unidades produtivas acarreta, evidentemente, uma concentração espacial ainda mais acentuada.

Neste contexto, as migrações internas (sem falar das internacionais, que poderiam, em boa parte, ser explicadas do mesmo modo) não parecem ser mais que um mero mecanismo de redistribuição espacial da população que se adapta, em última análise, ao rearranjo espacial das atividades econômicas. Os mecanismos de mercado que, no capitalismo, orientam os fluxos de investimentos às cidades e ao mesmo tempo criam os incentivos econômicos às migrações do campo à cidade, não fariam mais que exprimir a racionalidade macroeconômica do progresso técnico que constituiria a essência da industrialização. Tal interpretação faria derivar o processo migratório da própria industrialização, sem que as características institucionais e históricas dela tivessem qualquer papel na determinação daquele processo. Vale a pena, no entanto, examinar como tais características influem no processo de industrialização para ver se realmente as migrações não passam de consequências demográficas da mudança técnica.

Capitalismo e Migração

As teorias econômicas correntes dão, em geral, ênfase à determinação dos preços pelos mecanismos de mercado, ocultando, desta maneira, a considerável manipulação "política" dos preços que desempenhou e continua a desempenhar um papel fundamental na industrialização em moldes capitalistas. O livre cambismo na Grã-Bretanha do século passado foi um instrumento importante no sentido de promover uma divisão internacional de trabalho que permitia simultaneamente baixar os custos de produção, mediante a livre importação de alimentos e matérias-primas, e ampliar os mercados externos da indústria inglesa. Já o protecionismo alfandegário, posto em prática pela Alemanha e pelos Estados Unidos, foi necessário para que a indústria destes países pudesse se defender do superior poder de competição da Grã-Bretanha. Ainda no século XIX, o desenvolvimento do mercado de capitais à base da sociedade anônima foi um elemento importante para a redução do curso do capital para as empresas em expansão.

Nos países que chegaram tarde à corrida industrial, a manipulação dos preços para favorecer a industrialização tornou-se mais direta e, por isso, mais óbvia. A reserva do mercado interno para a indústria nacional passou a ser garantida por meio da fixação de taxas favorecidas de câmbio pelo Estado e, muitas vezes, pela imposição de quotas de importações. O barateamento do capital, na ausência de um mercado de capitais suficientemente desenvolvido, passou a ser assegurado mediante o crédito estatal a juros baixos ou mesmo negativos e subsídios de toda espécie, principalmente sob a forma de isenções fiscais. Também o custo da mão de obra passou a ser subsidiado indiretamente mediante o fornecimento de serviços sociais – de saúde, seguro social, educação, alimentação, habitação – em parte ou inteiramente pagos pelo Estado. É preciso referir ainda a extensa série de serviços de infraestrutura – transporte, energia, água, esgotos, comunicações – fornecidos às empresas a preços subvencionados.

A industrialização em moldes capitalistas está longe de ser um processo espontâneo, promovido exclusivamente pelo espírito de iniciativa de "entrepreneurs" inovadores. Ela só se torna possível mediante arranjos institucionais que permitem, de um lado, acelerar a acumulação do capital e, do outro, encaminhar o excedente acumulável às empresas, que incorporam os novos métodos industriais de produção. Como foi visto, os arranjos institucionais que promovem a industrialização nem sempre são os mesmos, dependendo sua natureza do contexto histórico: a industrialização britânica requereu um tipo de política de comércio externo (livre-cambismo) ao passo que a alemã e a americana exigiram outra, oposta (protecionismo). Não obstante, a intervenção institucional no jogo econômico é imprescindível à industrialização capitalista, tornando-se mais ampla, multiforme e direta na medida em que o avanço tecnológico e a concentração do capital tornam mais inoperantes os mecanismos clássicos de mercado como reguladores da alocação de recursos e repartição da renda.

Os arranjos institucionais que influem sobre os preços relativos têm por fim tornar as empresas industriais lucrativas, aumentando sua participação na renda. Mas deste modo se favorece também a concentração do capital, pois as mesmas medidas institucionais debilitam as atividades não favorecidas. Assim, por exemplo, na medida em que o governo subsidia (direta ou indiretamente) certas atividades industriais, a carga fiscal sobre o conjunto das demais atividades se torna mais pesada. Na medida em que o governo controla os preços dos alimentos, os termos de intercâmbio entre cidade e campo vão se tornando cada vez mais desfavoráveis ao campo. E assim por diante.

O progresso técnico e a concentração do capital são duas tendências que se alimentam mutuamente. O progresso técnico requer escalas cada vez mais amplas de produção, proporcionando deste modo vantagens às empresas maiores. Estas, por sua vez, tratam de acelerar ao máximo o progresso tecnológico, na medida em que uma oferta abundante de capital (proporcionada pelo subsidiamento estatal e/ou pelo aperfeiçoamento do sistema financeiro) torna economicamente vantajosa a substituição de trabalho por capital. É inegável que a concentração do capital é uma condição necessária ao progresso tecnológico, mas é inegável também que o quadro institucional apropriado à industrialização capitalista leva a uma concentração do capital ainda muito maior[2], ao favorecer uma acumulação do capital em escala geométrica *dentro* das empresas e ao permitir que, nos períodos de baixa conjuntural, as empresas maiores absorvam um grande número de empresas médias e pequenas.

Do ponto de vista puramente tecnológico, os modernos métodos de produção exigem o crescimento do *estabelecimento* e uma crescente coordenação *entre* os estabelecimentos, a qual supera os limites da ação rotineira dos mecanismos de mercado. O quadro institucional do capitalismo monopolista provê os meios pelos quais se pode dar esta coordenação pelo crescimento da firma, que assume a forma do "conglomerado", cujo tamanho é determinado antes pelas necessidades de valorização do capital do que pelas do processo produtivo enquanto tal.

Sem insistir mais neste assunto, já bastante discutido na literatura econômica corrente, é preciso considerar que a concentração do capital e a concentração espacial das atividades possuem, no capitalismo, um nexo causal comum. Assim como a concentração do capital tende a ultrapassar os limites mínimos impostos pela tecnologia industrial, a concentração espacial também tende a ser muito maior que a decorrente das necessidades técnicas do processo produtivo. A razão básica desta concentração espacial exagerada é que as empresas unicamente usufruem as economias de aglomeração, ao passo que as deseconomias do congestionamento e do esvaziamento são suportadas pelo conjunto da sociedade, em particular pelas classes mais pobres. Isto se dá devido aos mesmos arranjos institucionais que criam condições propícias à industrialização e que, na prática,

---

[2] BAIN, J. (*Barriers to New Competition,* Cambridge, 1965) demonstrou que, nos Estados Unidos, em numerosos ramos industriais as maiores empresas possuíam tamanho várias vezes maior que o "mínimo tamanho ótimo".

isentam as empresas dos ônus decorrentes das irracionalidades do processo de industrialização. Os exemplos ilustrativos deste fato podem ser multiplicados à vontade. Admite-se que, na medida em que aumenta a densidade de ocupação humana e econômica do espaço urbano, as autoridades públicas locais são solicitadas a inverter somas crescentes na ampliação dos serviços urbanos, recorrendo a soluções cada vez mais caras: trens subterrâneos, vias elevadas, tratamento de esgotos, desvio de correntes d'água de distâncias cada vez maiores etc. Como os fundos governamentais para tais empreendimentos provêm dos tributos, seria de se esperar que as empresas participassem, na proporção do seu poderio econômico, deste ônus. Acontece, porém, que as empresas industriais frequentemente se beneficiam de isenções fiscais e que boa parte dos impostos é indireta, podendo ser passada adiante, ao consumidor final. Além disso, a carência dos serviços urbanos, sintoma visível do congestionamento, recai sobre as camadas mais pobres da população, pois o mercado imobiliário encarece o solo das áreas bem servidas, que ficam deste modo "reservadas" aos indivíduos dotados de mais recursos e às empresas, naturalmente[3]. Por outro lado, o esvaziamento de atividades econômicas e de população de muitas áreas implica um evidente desperdício de recursos, na medida em que habitações e equipamentos de serviços são abandonados inteira ou parcialmente e recursos naturais – espaço sobretudo – são subutilizados. Há nestas áreas também um evidente desperdício de recursos humanos, na medida em que a emigração das atividades não é seguida imediata e plenamente pela emigração da população. Porém, o ônus resultante deste desperdício não é sentido pelas empresas, pois elas são protegidas pelo quadro institucional que redistribui os encargos decorrentes da irracionalidade do sistema pelo conjunto da sociedade,

---

[3] Na medida em que o solo sobe de preço, as empresas industriais são levadas a desconcentrar suas atividades no espaço. Mas elas o fazem dentro da mesma área urbana, meramente ampliando o seu perímetro, pois suas necessidades de serviços urbanos – basicamente vias de transporte, energia e, algumas vezes, água – são muito mais modestas que as da população, que necessita também de meios de transporte, de comunicação, serviços de educação, de saúde etc. Deste modo, os terrenos industriais sempre alcançam preços mais baixos que os residenciais, mesmo quando situados na fímbria das grandes aglomerações urbanas.

atingindo de modo mais grave os grupos "desajustados": os recém-chegados à cidade e os que se deixaram ficar para trás, nas áreas esvaziadas.

É claro que qualquer processo de industrialização implica uma ampla transferência de atividades (e, portanto, de pessoas) do campo às cidades. Mas, nos moldes capitalistas, tal transferência tende a se dar a favor de apenas algumas regiões em cada país, esvaziando as demais. Tais desequilíbrios regionais são bem conhecidos e se agravam na medida em que as decisões locacionais são tomadas tendo por critério apenas a perspectiva da empresa privada. É sabido que, em frequentes casos, a localização que seria "racional" no sentido de minimizar os custos para a empresa apresenta várias alternativas economicamente equivalentes. A decisão adotada quase sempre, porém, é escolher a localização onde já é maior a urbanização. Esta decisão é geralmente devida a motivos subjetivos: o tipo de vida que a cidade grande oferece é mais atraente para os que tomam a decisão e que, muitas vezes, terão de morar na proximidade da nova empresa. Tudo leva a crer que a urbanização assume características próprias no capitalismo, na medida em que este cinde as perspectivas micro e macroeconômicas, fazendo com que as decisões locacionais sejam tomadas apenas em função da primeira. A reação a este estado de coisas tomou a forma das variadas tentativas de "desenvolvimento regional" cujo "modus operandi" é intervir mais uma vez no quadro institucional de modo a fazer com que o sistema de preços relativos reoriente os investimentos para novas regiões, tornando a distribuição das atividades no espaço menos heterogênea.

Capitalismo, Desenvolvimento Regional e Migrações Internas

A criação de desigualdades regionais pode ser encarada como o motor principal das migrações internas que acompanham a industrialização nos moldes capitalistas. Como mostra Gunnar Myrdal[4], as regiões favorecidas não cessam de acumular vantagens, e os efeitos de difusão do progresso se fazem sentir num

---

[4] MYRDAL, G. *Teoria Econômica e Regiões Subdesenvolvidas,* cap. III.

âmbito territorial relativamente acanhado. A população das áreas desfavorecidas sofre, em consequência, um empobrecimento relativo: o arranjo institucional faz com que participem do processo de acumulação sem que possam beneficiar-se dos seus frutos. A forma concreta com que este processo de esvaziamento se manifesta pode variar, de acordo com as circunstâncias locais e regionais. Em alguns lugares, a economia se especializa na produção de uma ou algumas poucas matérias-primas, reproduzindo dentro dos países a dicotomia "desenvolvidos x subdesenvolvidos" que se nota no plano internacional. Quando estas matérias-primas se destinam à indústria nacional, é costume falar-se de "colonialismo interno". Em outros lugares, a economia se encontra à margem da divisão inter-regional do trabalho, fechando-se sobre si mesma na base da produção para subsistência, cujo excedente medíocre anima uma débil vida urbana local.

Em qualquer circunstância, o nível de vida da população permanece baixo, os horizontes culturais se mantêm cerrados e as oportunidades econômicas quase inexistem. Os fatores de expulsão que levam às migrações são de duas ordens: *fatores de mudança,* que decorrem da introdução de relações de produção capitalistas nestas áreas, a qual acarreta a expropriação de camponeses, a expulsão de agregados, parceiros e outros agricultores não proprietários, tendo por objetivo o aumento da produtividade do trabalho e a consequente redução do nível de emprego ("enclosures" na Inglaterra, o desenvolvimento da criação comercial de gado nos Pampas da Argentina, a expropriação das terras comunais indígenas durante o porfiriato[5] no México etc.); e *fatores de estagnação,* que se manifestam sob a forma de uma crescente pressão populacional sobre uma disponibilidade de áreas cultiváveis que pode ser limitada tanto pela insuficiência física de terra aproveitável como pela monopolização de grande parte da mesma pelos grandes proprietários (o

---

[5] Durante o Porfiriato (1877-1911), o México foi governado pelo ditador Porfírio Diaz, que contava com o apoio do capital internacional, notadamente de origem norte-americana, e, no plano interno, defendeu uma política econômica que determinou a progressiva expropriação das comunidades indígenas de suas terras comunais (ejidos). Esta política, francamente favorável ao capital externo e aos latifundiários, está na raiz do processo revolucionário desencadeado no país a partir de 1910.

agreste no Nordeste brasileiro, as comunidades indígenas nos Andes peruanos e colombianos).

Do ponto de vista econômico, os fatores de mudança têm um sentido oposto aos de estagnação. Os fatores de mudança fazem parte do próprio processo de industrialização, na medida em que este atinge a agricultura, trazendo consigo mudanças de técnica e, em consequência, aumento da produtividade do trabalho. Os fatores de estagnação resultam da incapacidade dos produtores em economia de subsistência de elevarem a produtividade da terra. Os fatores da mudança provocam um fluxo maciço de emigração que tem por consequência reduzir o tamanho absoluto da população rural. Os fatores de estagnação levam à emigração de parte ou da totalidade do acréscimo populacional devido ao crescimento vegetativo da população rural, cujo tamanho absoluto se mantém estagnado ou cresce apenas vagarosamente.

À primeira vista, os fatores de mudança e de estagnação podem parecer análogos aos efeitos "propulsores" ("spread effects") e "regressivos" ("backwash effects") de Myrdal (*op. cit.*). Na verdade, são totalmente diferentes. Myrdal considera os efeitos que a concentração industrial em determinadas áreas têm sobre as demais. Os efeitos propulsores irradiam o progresso para novas áreas, tornando-as áreas de imigração e não de emigração. Os efeitos regressivos esvaziam as áreas que atingem, tornando-as economicamente decadentes. Os efeitos de Myrdal explicam os desníveis regionais em ampla escala, no plano nacional (o exemplo por ele citado é o contraste entre o sul e o norte da Itália). Os fatores de expulsão aqui analisados se referem especificamente às áreas rurais, que originam correntes migratórias mesmo quando são atingidas por efeitos propulsores. A utilidade dos conceitos de fatores de mudança e de estagnação está em mostrar que os efeitos propulsores tendem efetivamente a criar novos polos de expansão que acarretam, não obstante, uma intensificação da migração do campo à cidade, ao passo que os efeitos regressivos, ao limitar a expansão da demanda por força de trabalho, dão lugar também a migrações, mas de tipo distinto, por razões e com consequências completamente diferentes. Em suma, os efeitos de Myrdal se referem ao movimento das atividades produtivas, ao passo que os fatores de expulsão se referem ao movimento de seres humanos.

A distinção entre áreas de emigração sujeitas a fatores de mudança e áreas sujeitas a fatores de estagnação permite visualizar melhor as consequências da emigração. As primeiras perdem população, mas a produtividade aumenta, o que permite, em princípio, uma melhora nas condições de vida locais, dependendo do sistema de forças sociais e políticas que condicionam a repartição da renda. Já as segundas apresentam estagnação ou mesmo deterioração das condições de vida, funcionando às vezes como "viveiros de mão de obra" para os latifundiários e grandes explorações agrícolas capitalistas. É sabido que as áreas de minifúndios, onde atuam tipicamente os fatores sedimentares de estagnação, são muitas vezes a origem de importantes fluxos migratórios sazonais: numerosos trabalhadores se deslocam para outras áreas agrícolas, onde participam das colheitas e depois retomam à própria gleba.

As regiões de emigração provocada pelos fatores de estagnação soem ter elevadas densidades demográficas e, por isso, dispõem de considerável potencial de mobilização política. Quando este potencial é ativado, a reivindicação do "desenvolvimento regional" ganha expressão e tem, nas últimas décadas, levado numerosos governos nacionais ao desenvolvimento de esforços deliberados no sentido de encaminhar recursos públicos e investimentos privados a algumas destas áreas. De uma forma geral, os programas de "desenvolvimento regional" nos países capitalistas têm dado ênfase ao desenvolvimento da infraestrutura de serviços nas áreas estagnadas – transporte, energia, comunicações etc. – e o oferecimento de incentivos econômicos, geralmente de caráter fiscal ou creditício, às empresas que se fixam em tais áreas. Deste modo, o quadro institucional é mais uma vez alterado na tentativa de se eliminar um desequilíbrio criado pelo próprio processo de industrialização institucionalmente condicionado.

Como a concentração espacial de atividades que resulta da industrialização capitalista é, via de regra, muito maior do que a exigida pela tecnologia industrial, os esforços em prol do "desenvolvimento regional" são, em princípio, economicamente viáveis. Reproduz-se, no entanto, neste caso, nas novas áreas favorecidas, o mesmo fenômeno de concentração espacial urbana acarretado pela industrialização capitalista no plano nacional. A grande maioria das novas atividades produtivas, suscitadas pelas medidas de "desenvolvimento regional", acaba se localizando em uma ou duas áreas urbanas, desviando para estas os fluxos migratórios provocados por fatores de estagnação que antes se dirigiam, diretamente ou por etapas, aos grandes centros nacionais. Além disso, é comum que o "desenvolvimento regional" facilite a penetração do capitalismo na agricultura das áreas a serem desenvolvidas, o que tende a mudar o caráter dos fatores de expulsão que, originalmente causados pela estagnação, passam a ser consequência da mudança, avolumando consideravelmente tais fluxos. A ironia da situação está no fato de que, deste modo, o "desenvolvimento regional", que é originalmente concebido com o objetivo de reduzir as migrações internas, acaba por intensificá-las. Cada novo "polo de desenvolvimento" assim criado encurta a distância percorrida pelos migrantes, que, em outras condições, acorreriam aos centros nacionais, mas, ao mesmo tempo, contribui para a concentração regional de atividades e, em consequência, para a multiplicação do número de migrantes.

As Migrações Internas Face ao Mercado de Trabalho

Os fatores de expulsão definem as áreas de onde se originam os fluxos migratórios, mas são os fatores de atração que determinam a orientação destes fluxos e as áreas às quais se destinam. Entre os fatores de atração, o mais importante é a demanda por força de trabalho, entendida esta não apenas como a gerada pelas empresas industriais, mas também a que resulta da expansão dos serviços, tanto dos que são executados por empresas capitalistas como os que são prestados por repartições governamentais, empresas públicas e por indivíduos autônomos. De uma forma geral, interpreta-se esta demanda por força de trabalho como proporcionando "oportunidades econômicas", que constituem um fator de atração na medida em que oferecem uma remuneração mais elevada que a que o migrante poderia perceber na área de onde provém.

Há, naturalmente, uma série de obstáculos que se interpõem entre o migrante e a "oportunidade econômica" que, em tese, a cidade industrial lhe oferece: de um lado, nem sempre o migrante possui as qualificações necessárias nem a bagagem cultural exigida pelos novos empreendimentos; por outro lado, a insuficiência de recursos impede determinado número de migrantes de alcançar êxito na luta competitiva que se trava dentro do mercado urbano de trabalho. Não é incomum, por exemplo, que migrantes já cheguem endividados, sendo obrigados a trabalhar durante certos períodos por baixo salário para pagar os custos da viagem.

A questão que se coloca é saber se o fato de numerosos migrantes não serem absorvidos pelo mercado de trabalho se explica pela sua inferioridade econômica ou desajustamento face às condições requeridas pela economia industrial, ou se os fluxos migratórios suscitados pela industrialização capitalista tendem inerentemente a produzir, nas áreas urbanas, uma oferta de força de trabalho superior à demanda. Se a primeira hipótese for verdadeira, então o desequilíbrio entre oferta e procura de força de trabalho pode ser considerado transitório, pois os obstáculos que se antepõem à integração do migrante no processo produtivo capitalista tendem a ser superados com o tempo, na medida em que o migrante passa por um período de aprendizado e aculturação no meio urbano. As pesquisas feitas em Monterrey e na Cidade do México, por exemplo, mostram que o nível ocupacional e o de renda aumentam proporcionalmente ao período de permanência do migrante na cidade[6]. Se a segunda hipótese for verdadeira, no entanto, a "marginalização" do migrante (ou de grande parte deles) passa a ser um resultado necessário do processo de individualização capitalista.

Na verdade, a economia capitalista não dispõe de mecanismos que assegurem uma proporcionalidade entre o número de pessoas aptas para o trabalho, que os fluxos migratórios trazem à cidade, e o número de lugares de trabalho criados pelas novas atividades implantadas no meio urbano. O número de migrantes que contribui para expandir a oferta de força de trabalho urbano depende, predominantemente, dos fatores de expulsão: os fatores de mudança criam uma espécie de desemprego tecnológico na área rural, sendo a dimensão deste desemprego

---

[6] GARCIA, Humberto Muñoz, OLIVEIRA, Orlandina e STERN, Cláudio. *Categorías de Migrantes y Nativos y algunas de sus Características Socioeconômicas: Comparaciones entre las Ciudades de Monterrey y Mejico* (mimeografado).

uma função do aumento da produtividade do trabalho agrícola e da sua especialização, ao passo que os fatores de estagnação produzem um fluxo de emigração cujo volume depende da taxa de crescimento vegetativo da população em economia de subsistência em confronto com a sua disponibilidade de terra. A demanda de força de trabalho suscitada pela expansão da economia urbana, por sua vez, depende da estrutura da demanda atendida por aquela economia e das técnicas aplicadas em cada ramo, que determinam a produtividade física do trabalho na produção de cada mercadoria.

De acordo com a teoria econômica convencional, o mercado de trabalho teria meios de equilibrar demanda e oferta de força de trabalho mediante a variação do seu preço, isto é, do nível de salários. Assim, na hipótese de haver um excesso de oferta em comparação com a procura de força de trabalho, os salários baixariam, reduzindo o custo do fator trabalho em comparação com o custo do fator capital, o que induziria as empresas a utilizar técnicas que usam mais intensamente mão de obra, do que adviria uma elevação da procura de força de trabalho, tornando-a igual à oferta. Este tipo de solução, no entanto, geralmente não pode ser aplicado, a não ser de modo muito limitado, devido aos obstáculos institucionais (salário mínimo, indenização aos despedidos etc.) e à resistência dos trabalhadores organizados. Concluem disso os partidários da teoria convencional que a "rigidez" do nível de salários é a principal causa do desemprego e subemprego que se manifesta nas áreas urbanas em países nos quais ocorrem fortes migrações do campo à cidade. Arthur Lewis, por exemplo, conclui que "em suma, salários elevados em indústrias modernas levam o setor tradicional a não mais preservar o excedente de força de trabalho e a jogá-lo abertamente no mercado de trabalho; ao mesmo tempo, o setor moderno se expande antes importando máquinas do que empregando mais uma porção de gente. Este é provavelmente o principal fator do crescente desemprego..."[7].

É duvidoso, no entanto, que os salários demasiadamente elevados na cidade sejam a mais importante causa da insuficiente

---

[7] LEWIS, W. Arthur. *Unemployment in Developing Countries*. Lecture to Mid West Research Conference, October 1964 (mimeografado).

absorção de migrantes pelo mercado de trabalho urbano. O nível de salários é um importante fator que influi sobre a repartição da renda. Uma redução do nível de salários causaria uma redistribuição regressiva da renda, diminuindo a participação das camadas mais pobres na renda em favor das camadas mais ricas, que obtêm seus rendimentos da propriedade ou de conhecimentos especializados. Como é sabido, a propensão a consumir dos pobres é muito maior que a dos ricos, de modo que uma baixa dos salários pode muito bem acarretar uma redução de consumo e, portanto, da demanda efetiva. Se isto acontecesse, o aumento da demanda de força de trabalho decorrente da adoção de técnicas que usam mais intensivamente mão de obra poderia ser mais do que compensado pela redução da demanda de força de trabalho causada pela queda do nível de atividade, devido à menor demanda global.

O que parece acontecer, mais frequentemente, no decorrer da industrialização capitalista, é que o nível de salário real se mantém constante ou cresce vagarosamente, porém menos que a produtividade. A taxa de salários, isto é, a participação dos assalariados no produto, decresce. Em outros termos, a maior parte do acréscimo de renda que resulta do aumento de produtividade do trabalho é apropriada pelos detentores do capital. É isto o que torna a economia capitalista dinâmica, do ponto de vista tecnológico, pois as empresas são estimuladas a aplicar mudanças tecnológicas sempre que o custo do capital (geralmente subsidiado, como foi visto) o permite. Desta maneira, a demanda por força de trabalho cresce menos que o produto, sendo a diferença o resultado da mudança técnica e, em certas circunstâncias, da mudança da composição do produto.

O ponto relevante, nesta discussão, é que a procura de força de trabalho, na cidade, dadas as mudanças técnicas decorrentes da industrialização, é uma função do tamanho e da composição do produto gerado pela economia urbana. Quando as migrações são causadas por fatores de mudança, há um nexo causal, embora indireto, entre o volume de força de trabalho liberado pela agricultura e a demanda pelo produto urbano. Quando a agricultura se torna capitalista, ela expande fortemente sua demanda por mercadorias oriundas da economia urbana: instrumentos de trabalho, insumos industriais (energia elétrica, combustíveis, adubos químicos, inseticidas, rações etc.), bens de consumo industrializados e serviços (de transporte, comerciais, financeiros etc.) produzidos a partir da cidade. Aprofunda-se a divisão de trabalho entre campo e cidade, o que tem por consequência um aumento da demanda pelo produto urbano por parte da agricultura, que não pode deixar de refletir num crescimento da procura por força de trabalho na classe. É claro que esse nexo causal entre o desemprego tecnológico gerado no campo e a criação de novo emprego na cidade não assegura por si só que o *volume* de empregos eliminados da agricultura seja inteiramente compensado pelo *volume* de empregos criados na economia urbana. Ele cria, no entanto, as condições de possibilidade de que essa compensação se dê.

O que vai decidir, em última análise, se o processo de industrialização capitalista cria ou não um volume de emprego que guarda alguma correspondência com o volume de mão de obra disponível (conceito por si só algo ambíguo) é a destinação que é dada à mais-valia que pode ser criada graças ao aumento da produtividade do trabalho. Esta mais-valia é, em sua maior parte, inicialmente apropriada pelas empresas, que a redistribuem aos seus proprietários, credores, governo etc. Conforme o uso que estas personagens e entidades derem ao acréscimo de renda de que são beneficiárias, o desemprego tecnológico será ou não compensado pela criação de novo emprego. A divisão do acréscimo de renda entre consumo e poupança numa *determinada* proporção faz com que o acréscimo de consumo, assim suscitado, provoque um aumento da utilização da capacidade de produção e um aumento da própria capacidade de produção mediante inversões de tal ordem que o novo emprego criado compensa o desemprego tecnológico.

A experiência histórica da industrialização capitalista até a Segunda Guerra Mundial mostrou que as tendências espontâneas do sistema, governadas pelos mecanismos de mercado e pelos estímulos institucionais, levavam a uma subutilização sistemática dos recursos humanos disponíveis, cuja gravidade variava de acordo com a fase do ciclo de conjuntura em que se encontrava a economia. Nos períodos de industrialização mais intensa, na Europa, em que se acentuava a penetração do capitalismo nas áreas rurais, o volume de desemprego criado foi considerável, o que provocou fortes fluxos migratórios para as Américas, Austrália e África na segunda metade do século XIX e nas primeiras décadas do século XX[8]. A partir da depressão dos anos 30, no entanto, numerosos governos passaram a adotar políticas anticíclicas e de pleno emprego, cujo êxito relativo demonstrou que as variáveis, das quais depende a compensação do desemprego tecnológico, podem ser condicionadas mediante rearranjos institucionais: expansão da oferta de meios de pagamento, tributação progressiva, investimentos públicos, crédito seletivo, desenvolvimento regional etc. Em suma, a experiência recente dos países capitalistas desenvolvidos mostra que uma política econômica de cunho "keynesiano" é capaz de conciliar, durante períodos consideráveis, rápidas e profundas mudanças técnicas com níveis relativamente elevados de emprego. A situação dos países não desenvolvidos, no entanto, é bem diferente.

Migrações e Industrialização nos Países Não Desenvolvidos

O processo de mudança tecnológica nos países capitalistas desenvolvidos difere consideravelmente da industrialização capitalista nos países não desenvolvidos. Em primeiro lugar, o ritmo de mudança tecnológica e seus efeitos socioeconômicos são muito mais amplos nestes últimos em comparação com os primeiros. Enquanto nos países desenvolvidos a mudança se dá à medida que determinadas inovações "amadurecem", nos países não desenvolvidos ramos de produção inteiros são implantados de uma só vez, submetendo a estrutura econômica a choques muito mais profundos. Em segundo lugar, desde que um país ultrapassa o umbral do desenvolvimento, ele deixa de ter um Setor de Subsistência ou este permanece apenas sob a forma de bolsões de atraso de pequena expressão. A regra geral é que, num país desenvolvido, o conjunto da população está integrado na economia de mercado. Obviamente a situação é oposta nos

---

[8] N.E.: Os levantamentos sobre estes fluxos migratórios estimam que eles alcançaram mais de 60 milhões de pessoas. Destas, aproximadamente 32 milhões dirigiram-se para os EUA, atraídas pelos salários mais elevados pagos pelas indústrias do Leste (nos Estados Unidos, historicamente, não havia um campesinato "livre" em condições de ser expropriado e constituir-se em exército de reserva industrial). Também a possibilidade de aquisição de terras, a baixos preços, no Oeste foi um importante fator de atração para os imigrantes europeus, geralmente camponeses expropriados e artesãos arruinados pelo processo de industrialização então em curso.

países não desenvolvidos, em que boa parte da população ainda se encontra em economia de subsistência. Na medida em que o desenvolvimento se processa, parcelas crescentes da população vão se inserindo na economia de mercado. A proporção da força de trabalho que permanece no Setor de Subsistência é, de certa forma, uma indicação do caminho que o país tem de percorrer ainda até completar o seu desenvolvimento.

Nestas condições, é fácil entender que o volume de migrações internas, provocado por mudanças estruturais e espaciais da economia, é proporcionalmente muito maior nos países não desenvolvidos que estão se industrializando do que nos desenvolvidos. Naqueles, os fatores de mudança têm efeitos mais amplos e a eles se somam os fatores de estagnação, que nos países desenvolvidos praticamente não se fazem mais sentir.

É importante, neste contexto, analisar os efeitos das migrações provocadas pelos fatores de estagnação sobre a economia urbana. Conforme uma parte considerável da população permanece em economia de subsistência e na medida em que, graças à queda da mortalidade, o seu ritmo de crescimento vegetativo aumenta, os fatores de estagnação podem gerar um fluxo migratório considerável. A parte deste fluxo que se dirige às cidades vai depender, naturalmente, da disponibilidade de novas terras que possam ser ocupadas pelo excedente populacional. Em países que possuem amplas reservas de terra cultivável ou aproveitável como pasto, como o Brasil, os fatores de estagnação podem gerar importantes fluxos migratórios que se dirigem de zonas rurais mais antigas para outras mais novas. Nos países em que a disponibilidade de terras foi esgotada, seja por estarem todas as áreas sendo efetivamente utilizadas, seja por já estarem monopolizadas por latifundiários, os fatores de estagnação acabam gerando fluxos migratórios que se dirigem quase exclusivamente às cidades, podendo estas inclusive se situar no exterior, como é o caso dos migrantes de Porto Rico e Jamaica, que se dirigem a Nova York e Londres.

A chegada à cidade de migrantes que provêm de áreas em economia de subsistência, debilmente ligadas à divisão nacional do trabalho, não provoca qualquer elevação da demanda pelo produto da economia urbana. Antes pelo contrário, o afluxo destes migrantes tem um efeito depressivo sobre esta demanda por vários motivos: a) certo número de migrantes, que consegue se inserir no processo de produção urbano, remete parte de seus ganhos aos parentes que permanecem nas áreas em economia de subsistência, reduzindo o volume da demanda efetiva na cidade. Se os que recebem estas remessas gastam-nas comprando produtos oriundos da cidade, este efeito se anula; porém, conforme os recursos são gastos na compra de produtos da economia local, eles são subtraídos da economia urbana. O mesmo se dá quando migrantes retornam, com certo pecúlio amealhado na cidade, às áreas de subsistência; b) parte dos migrantes que não conseguem se integrar na economia urbana reproduz na cidade certos traços da economia de subsistência sob a forma de atividades autônomas, geralmente serviços: vendedores ambulantes, carregadores, serviços de reparação etc. Embora tais atividades sejam desenvolvidas no âmbito espacial da cidade, elas não se acham integradas na economia urbana *capitalista*. Na medida em que, devido aos baixíssimos níveis de remuneração que seus executantes são obrigados a aceitar, elas conseguem competir com empresas capitalistas, seu efeito é realizar a demanda pelo produto da economia capitalista da cidade e, portanto, sua procura por força de trabalho: o comércio de ambulantes limita a atividade e o emprego no comércio organizado em moldes capitalistas, os lavadores de carros reduzem a clientela dos postos de serviços e assim por diante; c) em boa medida, a oferta de força de trabalho consequente da migração à cidade é absorvida pelo serviço doméstico, cujo significado é nulo do ponto de vista da produção social capitalista[9], podendo ser encarado como um "falso emprego". Embora o serviço doméstico em nada contribua para a geração do produto urbano, seu efeito sobre o montante deste produto é negativo uma vez que ele substitui equipamentos que fazem parte daquele produto: a empregada doméstica dispensa o uso da máquina de lavar, o chofer particular permite à família prescindir de um segundo carro etc.

---

[9] Do ponto de vista da *produção*, mas não do sistema como tal. O serviço doméstico (do mesmo modo que os trabalhadores autônomos) integra o exército industrial de reserva, como se verá adiante, desempenhando função de estoque de mão de obra para a economia capitalista.

Tomando-se o conjunto dos efeitos da migração à cidade, oriunda de áreas que permanecem em economia de subsistência, sobre o produto urbano, é fácil ver que ele é neutro ou negativo, o que explica que grande parte destes migrantes não seja absorvida pela economia de mercado. É claro que, do ponto de vista do lugar de destino, parece irrelevante distinguir os migrantes conforme os fatores de expulsão que os atingiram. Tanto os que vieram de áreas em mudança como os que provêm de áreas em estagnação tentam penetrar no mesmo mercado de trabalho urbano. O caráter dos fatores de expulsão tem importância na determinação do grau *geral* em que a força de trabalho dos migrantes é absorvida pela economia urbana. Tomando-se, como caso extremo, um país em que toda população não urbana pertence ao Setor de Subsistência e que *unicamente* devido a fatores de estagnação[10] uma parte do acréscimo desta população, decorrente do seu crescimento vegetativo, migra à cidade, é de se esperar que a economia urbana, em lenta expansão, absorva uma proporção reduzida dos migrantes, permanecendo a maioria à margem da divisão social do trabalho, usufruindo parte do excedente produzido pela economia urbana mediante a prestação de serviços domésticos ou atividades autônomas etc. No outro extremo, pode-se conceber um país com amplas reservas de terras em que todo excedente demográfico do Setor de Subsistência pode-se estabelecer; neste país, a migração à cidade é provocada *unicamente* por fatores de mudança, na medida em que áreas em economia de subsistência são incorporadas à economia capitalista. Nestas condições, a economia urbana se expande com maior vigor e apresenta melhores possibilidades de absorver produtivamente a força de trabalho trazida pela migração.

A grande maioria dos países não desenvolvidos se encontra entre os dois extremos. Em alguns, no entanto, o Setor de Subsistência é proporcionalmente grande, sendo a maior parte do fluxo migratório à área urbana produzida por fatores de estagnação. Nestes, é de se esperar que os problemas de marginalização

---

[10] Isto significa que praticamente não há penetração do capitalismo na área rural. Em consequência, nem a especialização da agricultura nem o aumento da produtividade do trabalho agrícola levam à liberação de mão de obra.

do migrante sejam particularmente graves. Possivelmente é a situação do Peru, da Colômbia e do Nordeste do Brasil. Há países não desenvolvidos, no entanto, em que o Setor de Subsistência já está reduzido ou está sendo rapidamente penetrado por relações de produção capitalista. Nestes países o fluxo migratório resulta sobretudo de fatores de mudança, e os problemas de marginalização do migrante na cidade apresentam caráter bem mais transitório. É possível que a Argentina e o centro-sul do Brasil se encontrem neste caso.

Migrações Internas e Desenvolvimento

Pelas ideias expostas até aqui, deve-se concluir que as migrações que decorrem da industrialização atual dos países não desenvolvidos constituem um fenômeno historicamente condicionado, cujas manifestações concretas resultam das condições específicas em que se dá aquela industrialização. Analisar as migrações em questão com o instrumental teórico desenvolvido a partir da observação e do estudo das migrações internas dos países desenvolvidos faz correr o risco de perder de vista aspectos essenciais do fenômeno.

Grande parte dos estudos correntes é motivada pela preocupação com a incapacidade da economia urbana de absorver, em prazo curto, a força de trabalho dos migrantes. O surgimento de populações marginais, pelo menos do ponto de vista da moradia (favelas, "callampas", "barriadas", "vencindades"), em praticamente todas as cidades importantes da América Latina (sem falar da África e da Ásia, onde as condições de marginalidade urbana ainda soem ser mais graves), tem levado muitos investigadores a encarar as migrações como um fenômeno social nefasto, cujas dimensões é preciso reduzir de modo a se poder começar a solucionar a problemática que elas suscitam. Como o desenvolvimento econômico repercute no plano social em primeira instância precisamente sob a forma de transformações demográficas – migrações internas, urbanização, aceleração do crescimento populacional devido à queda da mortalidade – cuja intensificação "parece" ser a causa principal dos desníveis econômicos e das tensões sociais que configuram a marginalidade urbana, passa-se a concluir que o ritmo de desenvolvimento e do progresso técnico deve ser minorado de modo a reduzir a intensidade das transformações demográficas, que aparentemente "ultrapassam" o ritmo de crescimento econômico ou, mais especificamente, da criação de empregos na economia capitalista urbana.

Pelo que foi visto, efetivamente o desenvolvimento, ao criar fatores de mudança em áreas rurais, avoluma os fluxos de migração interna, embora tais fluxos estejam presentes mesmo quando não há desenvolvimento. O que importa considerar, porém, é que só o desenvolvimento cria as condições que permitem uma expansão vigorosa da economia urbana da qual pode resultar a absorção produtiva, embora com retardo, da mão de obra trazida à cidade pelas migrações.

É verdade que em muitos países não desenvolvidos a economia urbana tem sido animada pelo comércio exterior. Nestes casos, a expansão da economia urbana tem dependido principalmente do crescimento da demanda externa pelos produtos destes países, incluindo-se nestes a venda de serviços sob a forma de turismo. Embora as relações econômicas com o "resto do mundo", o que significa praticamente os países capitalistas desenvolvidos, não possam ser ignoradas na análise da problemática que concerne à integração dos migrantes na economia de mercado, a experiência das últimas décadas da maioria dos países não desenvolvidos indica que aquelas relações tampouco apresentam perspectivas de solução para tal problemática. Em termos muito simples, o ritmo de crescimento da demanda externa pelos produtos dos países não desenvolvidos foi muito inferior ao afluxo humano às áreas urbanas destes países. Foi exatamente porque o comércio externo deixou de representar, na industrialização dos países não desenvolvidos, o papel dinâmico que ele de fato desempenhou na industrialização dos países hoje desenvolvidos, é que os países que atualmente almejam se industrializar tiveram de se voltar para o mercado interno e lançar-se na via do desenvolvimento "para dentro". Sem negar que uma eventual expansão da demanda externa possa constituir um estímulo adicional para o crescimento da economia urbana dos países não desenvolvidos, não há dúvida de que a mola fundamental deste crescimento é constituída pela expansão e pelo aprofundamento da divisão social do trabalho *dentro* do país. A única ressalva é que países muito pequenos, cuja população diminuta proporciona um mercado interno demasiadamente restrito, têm como melhor perspectiva a integração de suas economias em áreas de livre comércio, mercados comuns etc., com outros países de características semelhantes.

Desta maneira, a solução da problemática não parece estar numa limitação do ritmo de desenvolvimento (aqui entendido como resultante do avanço tecnológico) com o fito de reduzir a intensidade das migrações internas, mas antes numa aceleração daquele ritmo, ainda que isto acarrete fluxos migratórios ainda maiores. Nada (a não ser as aparências) justifica a noção simplista que a "marginalidade" urbana decorre principalmente do número "excessivo" de migrantes que se fixem na cidade. É preciso considerar o mecanismo que pôs em movimento os fluxos migratórios e suas consequências para a economia urbana. Somente assim pode-se explicar por que nem sempre as cidades que crescem mais depressa são as que apresentam maiores proporções da população marginalizada.

Proposições para o Estudo das Migrações Internas

Considerando-se as linhas teóricas, desenvolvidas até este ponto, que procuram determinar as características históricas específicas do fenômeno da migração interna no contexto do desenvolvimento, pode-se sugerir algumas proposições para futuros estudos. Embora já exista um volume considerável de pesquisas sobre migrações em países não desenvolvidos, a maior parte se baseia em fundamentos teóricos diferentes dos aqui expostos. Tais fundamentos encaram as migrações essencialmente como parte integrante de um processo de modernização[11], o que leva a enfoques que não eliminam o caráter histórico do fenômeno nem os seus condicionantes de classes. As proposições que se seguem pretendem apresentar um enfoque diferente cujo mérito seria o de revelar o significado das migrações na constituição de uma economia capitalista com sua correspondente estrutura de classes nos países que passam atualmente pelo desenvolvimento.

---

[11] Isso não contradiz a atitude tão frequentemente pessimista face às migrações, cuja função modernizante seria anulada pelo tamanho "excessivo" dos fluxos que chegam às áreas urbanas.

A. Causas e Motivos das Migrações

A maior parte das informações disponíveis sobre movimentos migratórios é proveniente de levantamentos (censitários, amostrais etc.) em que a unidade a que se referem os dados é o indivíduo ou, na melhor das hipóteses, a família. Na elaboração teórica destas informações, a sua origem já insinua que a unidade atuante no processo migratório é o indivíduo ou a família. Desta maneira, sob o título de "causas das migrações" se arrolam e discutem as verbalizações dos migrantes quanto aos motivos que os teriam levado a migrar. O exame crítico deste material empírico centra-se, quase sempre, na indagação da fidedignidade das respostas: em que medida é o informante capaz de reproduzir os motivos que o levaram a adotar a decisão de migrar? Quanto há de racionalização ou de estereótipo nas respostas?

É mister, no entanto, submeter este tipo de procedimento a uma crítica mais radical. O mais provável é que a migração seja um processo social, cuja unidade atuante não é o indivíduo, mas o grupo. Quando se deseja investigar processos sociais, as informações colhidas numa base individual conduzem, na maioria das vezes, a análises psicologizantes, em que as principais condicionantes macrossociais são desfiguradas quando não omitidas. No caso específico das migrações internas, o caráter coletivo do processo é tão pronunciado que quase sempre as respostas da maioria dos migrantes caem em apenas duas categorias: a) motivação econômica (procura de trabalho, melhora das condições de vida etc.) e b) para acompanhar o esposo, a família ou algo deste estilo. A forma estereotipada das respostas indica que a indagação não foi dirigida a quem possa oferecer uma resposta capaz de determinar os fatores que condicionam o fenômeno.

Se se admite que a migração interna é um processo social, deve-se supor que ele tenha causas estruturais que impelem determinados grupos a se pôr em movimento. Estas causas são quase sempre de fundo econômico – deslocamento de atividades no espaço, crescimento diferencial da atividade em lugares distintos e assim por diante – e atingem os grupos que compõem a estrutura social do lugar de origem de um modo diferenciado. Assim, se numa determinada área a mecanização da agricultura reduz a sua demanda por mão de obra, os desempregados têm de migrar para outra área em busca de meios de vida. Estes desempregados que migram são, em sua grande maioria, ex-assalariados, diaristas, peões, isto é, constituem um grupo que não possui direitos de propriedade sobre o solo. Os proprietários e arrendatários não são forçados a migrar, num primeiro momento, embora alguns possam ser induzidos a fazê-lo mais tarde, por não possuir os recursos necessários para acompanhar a mudança da técnica de produção. É de se esperar que haja aumento da produção e baixa dos preços, arruinando os pequenos estabelecimentos cujos custos de produção se mantêm mais elevados que os dos grandes que se mecanizam. Neste exemplo, a primeira onda de emigrantes é constituída por desempregados, a segunda por camponeses proletarizados.

Embora um grupo social seja levado, por certas causas estruturais, a migrar, é lógico que nem todos os seus membros o façam de imediato. No exemplo acima, a mecanização diminui a demanda por força de trabalho, mas não a reduz a zero. Um certo número de trabalhadores retém seu emprego. Também a ruína dos pequenos proprietários e arrendatários não atinge a todos ao mesmo tempo. Há, neste sentido, uma certa seletividade dos fatores de expulsão (os trabalhadores mais novos são despedidos antes, os proprietários que se endividaram mais são arruinados mais cedo) que pode ser assimilada a uma diversidade de motivos individuais que leva alguns a migrar e outros não. Adicionam-se a esta seletividade objetiva motivações subjetivas: parte dos desempregados permanece no lugar, à espera de melhores dias, sustentados por membros da família que trabalham ou mediante a realização de serviços de ocasião; outros trabalhadores, embora não tenham sido despedidos, preferem emigrar porque esperam encontrar melhores oportunidades alhures.

Convém sempre distinguir os motivos (individuais) para migrar das causas (estruturais) da migração. Os motivos se manifestam no quadro geral de condições socioeconômicas que induzem a migrar. É óbvio que os motivos, embora subjetivos em parte, correspondem a características dos indivíduos: jovens podem ser mais propensos a migrar que velhos, alfabetizados mais que analfabetos, solteiros mais do que casados e assim por diante. O que importa é não esquecer que a primeira determinação de quem vai e de quem fica é social ou, se se quiser, de classe. Dadas determinadas circunstâncias, uma classe social é posta em movimento. Num segundo momento, condições objetivas e subjetivas determinam que membros desta classe migrarão antes e quais ficarão para trás.

B. O Estudo da Migração como Processo Social

Se a unidade migratória deixa de ser o indivíduo para ser o grupo, também deixa de ter sentido investigar-se a migração como um movimento de indivíduos num dado período entre dois pontos, convencionalmente considerados como de origem e de destino. Quando uma classe social se põe em movimento, ela cria um fluxo migratório que pode ser de longa duração e que descreve um trajeto que pode englobar vários pontos de origem e de destino. É o fluxo migratório originado por determinados fatores estruturais, que determinam o seu desdobramento no espaço e no tempo, o primeiro objeto de estudo. Uma vez compreendidos o fluxo, as suas causas e os fatores condicionantes, determinados movimentos que o compõem podem ser investigados isoladamente. A hipótese básica, no entanto, é que o fluxo determina os movimentos unitários, e estes só podem ser compreendidos no quadro mais geral daquele.

Admitamos, a título de exemplo, que numa determinada área a principal atividade agrícola, de caráter comercial, entre em decadência devido ao esgotamento da fertilidade do solo. A produtividade física do trabalho diminui, reduzindo a rentabilidade dos estabelecimentos. Os grandes proprietários abandonam as plantações e passam a usar a terra para pastagens ou silvicultura, atividades que requerem menos mão de obra, o que vai determinar a emigração dos trabalhadores sem terra. Dado que estes emigrantes possuem pouquíssimos recursos e um horizonte cultural mui limitado, eles tendem a se dirigir às cidades mais próximas, cuja economia também está estagnada devido à decadência da atividade produtiva principal da região. Ali, os migrantes constituem um proletariado de baixa qualificação, cujo afluxo deprime os salários dos trabalhadores urbanos, parte dos quais é, por isso, levada a migrar para cidades maiores. Este segundo movimento é possibilitado pela maior disponibilidade de recursos e informações por parte dos trabalhadores que já possuem certa experiência urbana. É possível que sucessivos *movimentos migratórios* sejam desencadeados, das cidades menores às maiores, até que grande parte dos migrantes alcance as áreas onde se esteja dando um desenvolvimento industrial mais intenso, cujos efeitos diretos e indiretos determinam um aumento da demanda de mão de obra que oferece aos imigrantes oportunidades de integração na economia urbana. É possível mesmo que esta industrialização responda à necessidade de substituir importações, que deixaram de ser acessíveis devido à decadência da atividade agrícola de exportação, que provocou o impulso inicial do processo migratório. É fácil de ver que, num caso assim, começar a investigação por um elo da cadeia apenas significa renunciar desde já a uma compreensão global do processo.

Explorando ainda as condições exemplificadas acima, pode-se conceber que, na área cujo Setor de Mercado Externo está em decadência, a pequena burguesia rural, constituída por pequenos proprietários e arrendatários, também dá início a um fluxo migratório, cujas características, no entanto, serão diferentes. Os migrantes da pequena burguesia não são, como os trabalhadores, expulsos da área devido ao aniquilamento de seus meios de vida. Eles fogem da estagnação econômica e social, da falta de perspectivas de mobilidade social. Possuindo mais recursos e um horizonte cultural mais amplo, sua trajetória poderá levá-los de imediato a cidades maiores. Muitos migrantes deste grupo serão jovens solteiros (ao contrário dos migrantes proletários, cujas características demográficas serão mais próximas das do conjunto da população de origem), que tentarão sua sorte no meio urbano amparados pela família que permanece na propriedade rural. Parte dos que fracassam retornarão à área de origem, possibilidade que é muito menor para os migrantes de condição proletária.

As considerações acima são puramente hipotéticas, mas ilustram a importância de se considerar o fluxo migratório como um todo que explica, mas não é explicado pelos movimentos que o compõem. O tipo de abordagem aqui proposto sugere como questão inicial a própria determinação do fluxo migratório no tempo e no espaço, o que leva a uma revisão dos conceitos de área de origem e área de destino. A área de origem, neste sentido, não é obviamente o lugar de onde provém determinado grupo de imigrantes, nem mesmo (necessariamente) o lugar onde se originou sua movimentação, isto é, seu lugar de nascimento. A área de origem de um fluxo migratório é aquela onde se deram transformações socioeconômicas que levaram um ou vários grupos sociais a migrar, desde que tais transformações já não sejam o resultado de outros movimentos migratórios concomitantes ou anteriores.

Do mesmo modo, nada justifica considerar "a priori" uma determinada área como sendo de destino, como usualmente se faz. Mesmo que a área tenha saldo migratório positivo, muito possivelmente ela pode ser apenas uma etapa de determinados fluxos migratórios. É preciso distinguir, no conjunto dos migrantes que afluem à área, os vários fluxos por critérios sociológicos precisos e verificar para qual deles *esta* área é o ponto final. É possível, por exemplo, que uma determinada cidade industrial seja o lugar de destino de trabalhadores rurais que se integram no proletariado urbano, mas que a pequena burguesia à procura de oportunidades de educação superior e de trabalho especializado, mais frequente no setor terciário, esteja migrando desta cidade em direção a áreas metropolitanas dentro e fora do país. Deste modo, uma mesma área é lugar de destino para um fluxo migratório e lugar de origem para outro.

Uma consequência metodológica desta abordagem é que o estudo de migração limitado a apenas um presumível lugar de destino ou de origem é incapaz de desvendar o movimento global dos fluxos que por ela transitam.

C. Consequências das Migrações Internas

É sabido que o desenvolvimento não somente transforma a estrutura econômica como também ocasiona mudanças profundas na estrutura social. Novas classes sociais surgem ao passo que outras, mais antigas, se atrofiam. Alterações de monta nas relações de produção podem levar à desaparição de certas classes (abolição da escravatura, por exemplo) e ao crescimento acelerado de outras mediante a incorporação dos antigos membros da classe que foi eliminada. As migrações internas desempenham papel de grande relevância nestas transformações das estruturas econômicas e sociais. A passagem de partes da população de uma classe a outra se dá muitas vezes mediante movimentos no espaço. Assim, por exemplo, a proletarização dos ex-escravos, no Brasil, deu-se em boa medida mediante a sua migração às cidades[12].

As pesquisas sobre migrações têm-se ocupado, em geral, com o problema da absorção do migrante pela economia e pela sociedade do lugar de destino. Como, no entanto, em geral não se considera a situação de classe do migrante, a sua integração é analisada do ponto de vista individual, confrontando-se sua situação com a dos nativos em termos de ocupação, nível de renda etc. Desta maneira, perde-se de vista a função do processo migratório na constituição da sociedade de classes, produzida pelo desenvolvimento.

A adaptação do migrante recém-chegado ao meio social se dá frequentemente mediante mecanismos de ajuda mútua e de solidariedade de migrantes mais antigos. Isto significa que o lugar que o novo migrante irá ocupar na estrutura social já é, em boa medida, predeterminado pelo seu relacionamento social, isto é, por sua situação de classe anterior. O modo como o migrante se insere na sociedade de destino tem sido explicado por meio de suas características individuais; assim a proletarização dos migrantes de origem rural sói ser atribuída à ausência de qualificação profissional, ao analfabetismo etc. Seria importante considerar que laços de solidariedade familiar, de origem comum etc., que refletem situações de classe social, desempenham um papel de suma importância na integração do migrante à economia e à sociedade do lugar de destino. Valeria a pena, também, investigar em que medida existem organizações formais e informais – desde agências de emprego até rodas de botequim – que encaminham os migrantes aos setores do mercado de trabalho em que há maior probabilidade de encontrarem compradores para sua força de trabalho.

Neste contexto, é válido lembrar que nem todos os migrantes provêm do proletariado rural ou do campesinato. Bom número deles é de origem burguesa, e a migração não faz com que percam sua condição de classe. Mesmo que tais migrantes não venham ao lugar de destino munidos de amplos recursos

---

[12] O processo é minuciosamente analisado e discutido por Florestan Fernandes, em *A Integração do Negro à Sociedade de Classes,* São Paulo, 1964.

financeiros, mecanismos de solidariedade de classe lhes permitem, muitas vezes, ocupar uma posição na estrutura social que aos migrantes de classes hierarquicamente inferiores custa muito atingir. Se se verificar que esta hipótese é verdadeira, será preciso concluir que a ideia de que a migração é um importante meio de ascensão social, derivada de estudos comparativos entre migrantes e nativos, é pelo menos exagerada. O estudo de migrantes em Monterrey[13], por exemplo, mostra que o nível de entrada na força de trabalho é, em grande medida, função da escolaridade, a qual, por sua vez, é condicionada pelo nível ocupacional do pai e pela escolaridade do pai e da mãe. Em casos como este, quando a investigação revela a existência de elevadas proporções de migrantes na classe média e na alta, isso não pode ser encarado como prova suficiente de que houve mobilidade ascensional, pois nem todos os migrantes provêm do proletariado rural ou do campesinato arruinado, como é muitas vezes implicitamente suposto.

Quando o lugar de destino é uma cidade industrial ou uma metrópole em expansão acelerada e em mudança estrutural, a sua estrutura de classes também está em transformação. O impacto da migração, tanto econômico como social e político, sobre o lugar de destino, deveria ser encarado como um dos elementos deste processo de transformação. Assim, a proletarização de uma massa camponesa via migração expande a classe operária no lugar de destino, aumenta a oferta de mão de obra não qualificada no mercado de trabalho, reduz o nível de organização e, portanto, do poder de barganha da classe, com repercussões sobre sua remuneração e condições de trabalho. Dado que a acumulação de capital no lugar de destino não é diretamente afetada pela migração, como já foi visto, o desequilíbrio entre demanda e oferta de força de trabalho pode ter por resultado uma queda da composição orgânica do capital, ou seja, em vários ramos; técnicas que utilizam menor volume de capital por trabalhador podem-se tornar mais rendosas para o empresário e, por isso, passarem a ser aplicadas. Na medida em que isto se dá, migrantes originários da pequena burguesia,

---

[13] BALAN, J., BROWNING, H. L. e JELIN, E. *Men in a developing society. a Mexican case* (mimeografado).

possuidores de recursos limitados de capital, encontram maiores possibilidades de se integrar na burguesia do lugar de destino explorando extensivamente a força de trabalho de outros migrantes (e também de nativos, é óbvio). É o que costuma se verificar em serviços de reparação, em serviços pessoais e em outras atividades, organizadas empresarialmente, mas que requerem reduzido volume de capital. Em lugares de destino, no entanto, constituídos por cidades pequenas que não possuam uma rigorosa economia urbana, os migrantes de origem rural que se proletarizam tendem antes a exercer este mesmo tipo de atividades, por conta própria. A diferença resulta do fato de que a organização capitalista da produção é requerida e vantajosa somente quando a demanda é suficientemente concentrada e dotada de um certo poder aquisitivo. Para elucidar melhor este aspecto, conviria investigar que condições levam a que estas atividades sejam exercidas predominantemente em empresas em certos lugares e individualmente em outros. Na medida em que empresas pressupõem especialização e, portanto, maior divisão social do trabalho, a clássica proposição de Adam Smith, de que "o grau de divisão de trabalho é uma função do tamanho do mercado", possivelmente oferece a explicação para aquela diferença. Este aspecto da organização dos serviços em conexão com a absorção da força de trabalho dos migrantes pela economia urbana tem marcante significação econômica e social, pois dela depende o grau de produtividade do trabalho, da produção (ou não) de um excedente e de sua acumulação como capital.

O estudo das migrações a partir de um ângulo de classe deve permitir, portanto, uma análise da contribuição das migrações para a formação de estruturas sociais diferentes e para a constituição de novos segmentos da economia capitalista.

D. Migração e "Marginalidade"

Uma das proposições feitas com grande frequência a respeito da migração na América Latina é que ela contribui para a formação de população "marginal" nos lugares de destino. É preciso assinalar, desde já, que a "marginalidade" é, em geral, conceituada como não integração na economia capitalista e não participação em organizações sociais e no usufruto de certos serviços urbanos.

Novamente os critérios são individuais e escamoteiam a situação de classe dos assim chamados "marginais". Ora, é sabido que o capitalismo industrial, desde sua origem, requer e, por isso, constitui reservas de capacidade produtiva e de força de trabalho, que somente são utilizadas nos momentos em que a economia se expande com maior vigor. Conviria examinar a "marginalização"' sob este ângulo antes de se saltar à conclusão de que uma parte da oferta de força de trabalho, constituída sobretudo por migrantes, simplesmente não é aproveitada pelo sistema.

O capitalismo mantém uma parte da força de trabalho em estoque, constituindo um exército industrial de reserva. Manter significa aqui "preservar" e "sustentar". Uma parte do excedente é utilizada para satisfazer as necessidades de subsistência de pessoas que não contribuem para o produto. Nos países capitalistas desenvolvidos, esta parte do excedente é transferida aos trabalhadores em reserva sob a forma de um auxílio aos desempregados ou mediante subvenções da beneficência pública. Nos países capitalistas não desenvolvidos a transferência é feita individualmente, mediante compra de serviços produzidos por trabalhadores autônomos. Nestes países, portanto, o exército industrial de reserva é constituído menos por desempregados, em senso estrito, mas por serviçais domésticos, trabalhadores de ocasião (biscateiros), ambulantes de todo tipo (vendedores, engraxates, reparadores) etc.

Nem todos os que se acham à "margem" da economia capitalista constituem, no entanto, parte do exército industrial de reserva. Para participar dela é preciso que as pessoas estejam fisicamente no mercado de trabalho, dispostas a oferecer sua força de trabalho pelo preço habitual. Seria sem sentido considerar como integrantes do exército industrial de reserva, por exemplo, os que, inseridos na economia de subsistência, possuem meios de produção próprios e oferecem, no máximo, um excedente de produção no mercado capitalista. As migrações internas contribuem para trazer ao mercado de trabalho capitalista pessoas que estavam anteriormente integradas à economia de subsistência. Parte destas pessoas tem possibilidades de se inserir no processo de produção social, como empresários ou assalariados. Outros são forçados a exercer atividades que se encontrem fora do âmbito da economia capitalista, porém, devido ao seu baixíssimo nível de rendimento, elas constituem um potencial de força de trabalho prontamente aproveitável, quando e onde convier ao sistema. A aspiração a um emprego estável e à proteção da legislação trabalhista torna-as parte integrante (como qualquer outro estoque) da oferta no mercado (de trabalho). Para não perder de vista o significado das migrações no processo de desenvolvimento, é preciso evitar o erro de considerar a migração como mera transferência de pessoas de setores não capitalistas rurais e outros setores não capitalistas urbanos. Tal transferência constitui um estágio, necessário nas condições capitalistas, de integração da população à sociedade de classes. Como já foi visto acima, não possui o capitalismo nenhum mecanismo deliberado de ajustamento da demanda de mão de obra à oferta da mesma. Ele possui, em contrapartida, mecanismos de transferência do excedente que asseguram a sobrevivência (em condições miseráveis, é claro) da força de trabalho não aproveitada. Seria importante investigar estes mecanismos de transferência e sua inter-relação com as migrações. Uma hipótese provável é que a chamada "terciarização" das grandes cidades latino-americanas é a manifestação mais óbvia da expansão daqueles mecanismos. Muito possivelmente a difusão de certos tipos de consumo que requerem o uso complementar de serviços (o automóvel é um exemplo) seja um dos principais meios de expansão daqueles mecanismos de transferência. É preciso não esquecer, por outro lado, que os reduzidíssimos níveis de consumo das massas que constituem o exército industrial de reserva permitem a formação de comunidades economicamente fechadas no meio urbano, que requerem apenas uma quantidade mínima de bens produzidos pela economia capitalista, satisfazendo a maior parte de suas necessidades mediante sua própria produção. O estudo da economia de tais comunidades (favelas, "callampas", vilas, miséria etc.) e de suas relações com a economia capitalista poderá mostrar como uma pequena parcela de sua população participa diretamente da economia capitalista ou do seu excedente, sendo os recursos assim obtidos redistribuídos mediante extensa rede de trocas de bens e serviços dentro da comunidade. Deste modo, a forma peculiar de expansão do capitalismo nos países não desenvolvidos poderia explicar o aparente paradoxo de os serviços ocuparem um lugar proeminente na estrutura do consumo tanto das camadas mais ricas como das mais pobres da sociedade.

Dentro desta linha de raciocínio, as migrações em direção aos grandes centros urbanos podem ser encaradas antes como produtos de "terciarização" do que como sua causa, na medida em que esta cria condições de sobrevivência no meio urbano aos que não conseguem se integrar à economia capitalista. Conviria que as investigações sobre o destino dos migrantes no meio urbano e sua eventual "marginalização" da economia capitalista encarassem o fenômeno também do ângulo da formação do "exército industrial de reserva", dedicando certa atenção às relações econômicas e sociais a longo prazo entre a sociedade "marginal" e a inclusiva. Valeria a pena examinar, por exemplo, os modos de recrutamento de trabalhadores "marginais" pela economia capitalista nos seus momentos de expansão.

Convém, por outro lado, estudar com maior profundidade os fatores de atração do meio urbano sobre os migrantes. O estereótipo de que os migrantes vêm à cidade grande iludidos, com esperanças falsas de prontamente se integrar à sociedade de consumo, está a merecer uma crítica bem fundamentada. Uma hipótese que valeria a pena ser verificada é que os principais fatores de atração da cidade são constituídos pelos laços sociais, decorrentes de uma situação de classe comum, entre migrantes antigos e novos. Os primeiros migrantes, ao assegurarem seu sustento, mesmo que seja como servidores domésticos ou trabalhadores autônomos, "chamam" outros migrantes, geralmente parentes ou amigos, oferecendo-lhes não apenas o benefício de sua experiência, mas também apoio material e, eventualmente, oportunidade de trabalho. Se esta hipótese se confirmar, o papel das migrações internas nos países não desenvolvidos no que se refere à redistribuição espacial da oferta de força de trabalho e à constituição do exército industrial de reserva poderá ser mais bem avaliado.

URBANIZAÇÃO, DEPENDÊNCIA E MARGINALIDADE NA AMÉRICA LATINA

Introdução

Os últimos dados censitários estão revelando que continua, de forma intensa, a migração rural-urbana em quase todos os países da América Latina. As grandes tensões sociais, que se supunha existirem no campo, estão sendo aparentemente levadas pelos migrantes às cidades. A população urbana cresce aos saltos, os serviços urbanos, principalmente o da habitação, atendem cada vez mais precariamente as necessidades do público, e os sinais exteriores de miséria – mendicância, prostituição, comércio ambulante etc. – se multiplicam. Tudo isso vai alimentar a controvérsia sobre a urbanização nos países não desenvolvidos, cujas características sociais nefastas ocasionam um pessimismo que vai adquirindo diferentes tonalidades ideológicas conforme as preferências do autor. Há os que atribuem os "males" da urbanização ao excessivo crescimento demográfico, à falta de reforma agrária, ao caráter demasiadamente avançado da tecnologia industrial e assim por diante.

Propomo-nos, nestas páginas, a examinar as premissas teóricas destas críticas à urbanização na América Latina, particularmente as que procuram deduzir o modo como ela está se dando de situações gerais de dependência, que supostamente caracterizam todos os países da América Latina. Serão examinadas, neste contexto, as contribuições de Manuel Castells ("L'Urbanisation Dépendente en Amérique Latine", *Espaces et Sociétés*, nº 3, jul. 1971) e de Anibal Quijano ("La Formation d'un Univers Marginal dans les Villes d'Amérique Latine", *Espaces et Sociétés*, nº 3, e "Dependencia, Cambio Social y Urbanización en Latino-América", *América Latina:* Ensayos de Interpretación Sociológico-Política, Editorial Universitaria, Santiago, 1970).

Dependência: Traço Histórico Comum da América Latina?

Castells inicia seu artigo justificando sua abordagem da urbanização da América Latina como um fenômeno social específico, por ele possuir "uma *marca comum,* uma mesma fonte de determinação social, mesmo que ela seja multiforme: seu modo de articulação ao colonialismo antes, ao imperialismo em seguida" (p. 5, sublinhado no original). Na segunda parte do trabalho, o autor procura concretizar esta posição, distinguindo diferentes épocas e tipos de dependência na América Latina e atribuindo a cada uma delas uma forma específica de urbanização. Seria fácil criticar uma análise como esta pelo seu esquematismo e superficialidade, mas há algo mais básico que tem de ser discutido: em que medida é legítimo supor que a história latino-americana *não é mais* que uma sucessão de dependências (colonial, capitalista-comercial e imperialista)? A própria existência de tais (ou outros) tipos de dependência não é posta em discussão, a ênfase está no "não é mais": pode-se de fato deduzir das diferentes situações de dependência – e basicamente só delas – fenômenos de tal complexidade, qual seja a organização do espaço dos vários países?

Admitamos, para resumir o argumento, que de fato a urbanização do período colonial tenha sido determinada pela política e pelas necessidades das potências dominantes. Quijano ("Dependencia etc.", p. 106), ao realizar uma análise histórica semelhante à de Castells, embora mais pormenorizada, reconhece que os focos principais de desenvolvimento urbano durante os dois primeiros séculos de colonização se concentraram "sobre a base da prévia existência de sociedades indígenas desenvolvidas". Poder-se-ia acrescentar que a urbanização, mesmo no período colonial, foi condicionada pela localização e natureza dos recursos naturais, pela topografia das várias regiões que condicionou também a rede de comunicações etc. Apesar de tudo isso, o predomínio colonial poderia ser aceito, neste período, como a principal "fonte de determinação" da urbanização do continente.

Quando passamos, no entanto, ao segundo tipo de dependência – a dominação capitalista-comercial – torna-se muito mais difícil reduzir a ela os fatores condicionantes da urbanização. Castells reconhece que, após a independência política e a inserção da América Latina no mercado capitalista mundial, houve uma forte diversificação da dependência com o surgimento de diversas modalidades: economia de enclave, economia agrícola e de criação para a exportação, economia de plantação etc., cada modalidade destas dando lugar a uma forma específica de urbanização. Mas esta tipologia é insuficiente. É preciso lembrar, em primeiro lugar, as longas lutas de cujos resultados dependeu a configuração do atual mapa político do continente. Foi em função destas lutas que se deu a relativa "balcanização" da antiga América Espanhola e se manteve a unidade da antiga América Portuguesa, fatos de enorme significação para o modo como se dá até hoje a urbanização (e muitos outros fenômenos) nos vários países latino-americanos. É verdade que potências imperialistas, principalmente a Grã-Bretanha, intervieram nestas lutas, algumas vezes de modo decisivo (na criação do Uruguai como país independente, por exemplo)[1]. Mas seria um exagero admitir que a determinação das fronteiras políticas da América Latina resultou das várias situações de dependência capitalista-comercial, que nesta altura (primeira metade do século XIX) estavam apenas começando a se estruturar. É inegável que a formação das oligarquias rurais, que está na base de tantos estados nacionais da América Latina, resultou de um longo processo de lutas de classe, em que as pretensões de outras classes sociais (conforme o caso: à liberdade, à posse de terra ou ao poder político) foram esmagadas, algumas vezes com e outras vezes sem o auxílio do imperialismo.

---

[1] N.E.: Após uma guerra, que se estendeu de 1825 a 1828, o Uruguai, até então anexado ao Império brasileiro, tornou-se independente. As pressões e interferências diretas da Grã-Bretanha, que não pretendia uma hegemonia brasileira ou argentina na região platina, parecem ter sido decisivas.

É preciso lembrar também que, apesar da dependência comercial em que se encontravam quase todos os países do continente em relação ao mercado capitalista internacional, muitos momentos decisivos de sua história foram frutos de lutas de classes em cujo desfecho pesaram sobretudo condições internas. Seria difícil, se não artificioso, argumentar que o confisco dos bens da Igreja no México ou a abolição da escravatura no Brasil (tão retardada, apesar das pressões inglesas) tivessem decorrido de situações de dependência. É claro que sempre é possível encontrar alguma relação entre a dependência e qualquer evento histórico que tenha ocorrido num país "dependente", desde que se opere num nível de abstração suficientemente elevado. O que importa, no entanto, é determinar quais foram os fatores decisivos no desenrolar da história latino-americana neste período. Embora seja possível alinhar a dependência como *um* desses fatores numa série de eventos (a independência de Cuba, a criação do Panamá como país independente seriam alguns exemplos), o tamanho, a força e os interesses das várias classes e grupos regionais dentro de cada país e dos vários países em confronto foram certamente decisivos em muitos outros momentos.

   Para dar uma ideia de como o nível de abstração, em que a urbanização é determinada pela dependência, é pouco adequado para sua compreensão, vejamos apenas um exemplo: o da economia de plantação, no qual se enquadram, de acordo com Castells, a América Central e o Brasil de antes de 1920. Segundo o autor, esta modalidade de dependência "determina um nível de urbanização extremamente fraco" (p. 17). Cabe reparar, em primeiro lugar, que, no Brasil, não havia uma economia "centrada sobre a utilização de uma numerosa mão de obra agrícola trabalhando diretamente para firmas estrangeiras e sem qualquer intermediário social entre a atividade produtiva e os lucros das grandes companhias", como Castells caracteriza a "economia de plantação". Na verdade, as fazendas de café, cacau, açúcar etc. que produziam para o mercado externo eram de propriedade da oligarquia nacional e havia um ponderável aparelho de intermediação comercial e financeira nas cidades costeiras (Rio, Recife, Salvador, Santos). O baixo nível de urbanização do país se devia, antes de mais nada, ao fato de que grande parte da população vivia, neste período, *fora* da "economia de plantação", inserida em economia de subsistência, produzindo quase nenhum excedente capaz de alimentar a vida urbana. Nestas condições, o baixo nível de urbanização não era o fruto da dependência, mas o fato de que grande parte da economia não estava integrada em qualquer divisão supralocal (nacional ou internacional) de trabalho.

Neste sentido, Quijano ("Dependencia etc.", pp. 109 e 110) faz uma análise mais acertada, ao vincular o desenvolvimento urbano à maior ou menor integração dos vários países no mercado capitalista internacional. "Este é, em termos gerais, o processo que explica a profunda alteração do perfil urbano da América Latina entre o período colonial e o período seguinte. México, Brasil, Argentina, Chile e Uruguai, principalmente, puderam manter seu desenvolvimento capitalista dependente, e a importância de suas relações de dependência comercial fortaleceu a urbanização de sua população, enquanto o processo inverso tinha lugar nos demais países" (p. 110). Isso está muito bem, mas não explica por que o nível de urbanização da Argentina já era de 38% em 1914, ao passo que o do Brasil era de apenas 11,3% em 1920 e o do México 18,1% em 1930 (Castells, p. 18). Seria preciso, para explicar estas diferenças, tomar em consideração a estrutura econômica de cada um destes países, o tamanho e a natureza do seu Setor de Subsistência etc.

Tanto Quijano ("Dependencia etc.", p. 124) como Castells (p. 19) distinguem, após a dependência capitalista-comercial, uma etapa de industrialização mais "autônoma" ou "nacional" na história da América Latina. Esta etapa teria resultado da crise nas relações de dependência, provocada pelas duas guerras mundiais e pela depressão dos anos 30, e teria sido caracterizada por uma industrialização mediante substituição de importações realizada por empresas de capital nacional. Ambos os autores atribuem a este tipo de industrialização um processo de urbanização mais equilibrado. Segundo Castells, "um tal processo de industrialização nacional reforça consideravelmente as aglomerações existentes e acelera o crescimento urbano, sem, no entanto, provocar um fluxo migratório excessivo na medida em que este desenvolvimento não se faz por golpes exteriores, mas parte da necessidade de um certo equilíbrio econômico definido no quadro de cada país" (p, 19). Para Quijano ("Dependencia etc.", p. 125) "o crescimento da produção industrial e o crescimento urbano demográfico poderiam marchar de maneira não muito desnivelada, e, ademais, a expansão industrial urbana constituía um canal bastante efetivo de integração da sociedade, no sentido de que tinha capacidade de incorporar maior quantidade de população aos padrões dominantes do sistema".

Para os dois autores este estado quase idílico de industrialização nacional autônoma, com urbanização equilibrada e includente, é disturbado e afinal pervertido pelo restabelecimento das relações de dependência, após a Segunda Guerra Mundial, que propiciou a entrada maciça de capital estrangeiro na indústria dos países da América Latina. Inicia-se assim uma nova etapa na história das dependências latino-americanas, em que a capitalista-comercial é substituída pela imperialista. A industrialização passa a ser dominada pelos monopólios internacionais, que "desenvolvem os mercados internos e efetuam, *por sua própria conta,* o processo de substituição de importações criando novos laços de dependência tecnológica, financeira e de decisão econômica" (Castells, p. 19, sublinhado no original). Segundo este autor, a modernização dos aparelhos produtivos dos países dependentes se dá mediante "a intervenção das grandes firmas multinacionais cujas decisões são tomadas em função de uma estratégia mundial e cuja lógica escapa, em consequência, à economia do país e mais ainda à conjuntura de cada formação social. Compreende-se, pois, facilmente seus efeitos disruptores no interior de cada sociedade, na medida em que os diferentes pedaços assim produzidos pela desintegração e inarticulação nacionais são recompostos, no seio de uma integração e de uma orientação em escala internacional, a partir dos interesses das grandes firmas a longo prazo" (Castells, p. 19).

O modo como isso tudo se dá não é explicitado. Na verdade, entre premissa e conclusão há uma contradição evidente. Se os monopólios internacionais desenvolvem os mercados internos dos países em que penetram, não há por que postular efeitos disruptores que desintegram, desarticulam etc., pois as empresas assim formadas só podem se inserir na divisão social do trabalho, tal qual ela se desenvolve em cada país. A estratégia mundial destas firmas só pode-se referir ao modo como elas distribuem os seus investimentos entre os vários países, porém ela não pode determinar a estrutura industrial destes países, na medida em que estes, ao substituir importações, fecham seus mercados internos e constituem sua estrutura industrial, em função da demanda interna. A integração internacional dos "diferentes pedaços assim produzidos", ou seja, dos setores industriais dominados pelo capital estrangeiro, pode-se dar no plano financeiro e tecnológico, mas não no sentido de uma divisão supranacional de trabalho, e por isso não pode produzir efeitos disruptores, a não ser os que normalmente existem no sistema capitalista de produção. Afinal, nos países desenvolvidos "centrais" ou "dominantes" a presença dos monopólios internacionais é pelo menos tão marcante quanto nos países "dependentes". Se o autor, no entanto, pretende se referir aos efeitos disruptores do capitalismo em si, não há como não atribuí-los também ao capitalismo nacional da etapa anterior, cujas decisões obedeciam a uma estratégia de mercado tanto quanto a dos monopólios internacionais.

Em Quijano ("Dependencia etc."), a tendência a uma certa e limitada apologia do capitalismo nacional, que supunha "uma relativa autonomia dentro da qual os interesses *nacionais* – leia-se 'os interesses dos grupos dominantes nacionais' – eram predominantes" (p. 124, sublinhado no original), é ainda mais clara. Falando do capital estrangeiro, o autor nota que "os grupos empresariais monopólicos não operam em função das necessidades econômico-sociais da população" (p. 127). Mas é o caso de se perguntar: grupos empresariais *capitalistas,* monopólicos ou não, nacionais ou estrangeiros, operaram alguma vez em função das necessidades da população? Pelo que sabemos eles operam em função de suas próprias necessidades de lucros. Ensina a economia convencional (ou vulgar) que, com determinada organização dos mercados, é possível que a procura ao autointeresse leve as empresas a satisfazer também as necessidades da população. E a experiência ensina que o desenvolvimento do capitalismo, ao excluir a possibilidade de os mercados se organizarem de modo ideal (concorrência perfeita), acaba por condicionar a própria manifestação das necessidades da população às necessidades das grandes empresas.

Quijano reconhece perfeitamente este fato, ao escrever que as empresas desenvolvem os ramos de produção que têm maior rentabilidade "inclusive impondo-os artificialmente ao mercado por meio de propaganda" ("Dependencia etc.", p. 127). Só que ele atribui este comportamento exclusivamente às empresas de capital estrangeiro, como se as nacionais não o adotassem sempre que têm o tamanho e os meios para tanto. É verdade que, na América Latina, as empresas nacionais são em geral menores e mais fracas que as estrangeiras e, por isso, menos capazes de práticas monopolísticas, mas este fato não as preserva do destino que lhes reserva a própria evolução do sistema: ou elas crescem (em associação com o capital estrangeiro ou não) e passam a possuir condições de empresas monopolísticas ou se tornam incapazes de cumprir seu papel histórico, isto é, de desenvolver as forças produtivas. Supor que a pequenez da empresa nacional é uma virtude seria reviver as piores ilusões da economia liberal, que a evolução do sistema já de há muito destruiu.

Chegamos, agora, ao fundo da questão. De acordo com os autores que estamos analisando, o capitalismo nacional produziu uma urbanização equilibrada que a penetração do capital estrangeiro perverteu. Antes a urbanização não era excessiva, agora o é. Antes a população que migrava às cidades era integrada social e economicamente, agora ela fica marginalizada. Não é mais o capitalismo que produz as "distorções", é o capital estrangeiro que o faz. A crítica dos clássicos ao imperialismo centrava-se em dois aspectos: na exploração, ou seja, na transferência de excedente do país dominado ao dominante e na transferência, de volta, do país dominante ao dominado, das contradições do próprio capitalismo: crises, desemprego etc. A atualização desta crítica, face às condições presentes, e sua aplicação concreta à América Latina é uma tarefa necessária, que as ciências sociais (do continente e de fora) mal iniciaram. Mas é coisa muito diferente imputar ao imperialismo as contradições do capitalismo em si e, ao mesmo tempo, contrapô-lo a um capitalismo nacional isento de contradições. Este tipo de crítica peca por falta de base teórica e de comprovação empírica. Não foi o imperialismo industrial e financeiro que trouxe o capitalismo à América Latina depois da Segunda Guerra Mundial. Ele foi implantado aqui muito antes, pelo menos nos principais países, e atingiu de fato o estágio industrial entre as duas grandes guerras, de modo relativamente "autônomo". Se as suas contradições especificamente urbanas só se manifestaram mais claramente nas duas últimas décadas, isso se deve a vários fatores, que vamos examinar agora, entre os quais a "dependência" não é o principal.

"Macrocefalia" Metropolitana, Desarticulação da Rede Urbana e Desníveis Internacionais

Castells caracteriza a urbanização na América Latina com os seguintes traços: aceleração crescente, desnível entre o fraco desenvolvimento das forças produtivas e a acelerada concentração espacial da população, formação de uma rede urbana truncada e desarticulada "que não hierarquiza as aglomerações segundo uma divisão técnica de atividades" (p. 10). Quijano, por sua vez, vê o processo de urbanização na América Latina produzindo "enorme desequilíbrio inter-regional, urbano-rural e interurbano, tremenda concentração dos benefícios nas regiões e cidades mais profundamente vinculadas às metrópoles externas, acabando por lhe atribuir uma 'acentuação' do subdesenvolvimento" ("Dependencia etc.", p. 131).

É preciso observar, em primeiro lugar, que estas críticas são comuns e corriqueiras entre os estudiosos acadêmicos e os planejadores que temem uma "explosão urbana" na América Latina. Há quase um consenso de que a urbanização do continente é excessiva, que ela foge da "normalidade" indicada pelos padrões dos países já desenvolvidos etc. Castells e Quijano aceitam "in totum" os postulados da crítica antiurbana. Sua contribuição própria consiste unicamente no esforço de atribuir essas "distorções" da urbanização à situação de dependência em que se encontram os países da América Latina. Acontece, no entanto, que antes de condenar o processo de urbanização convém analisá-lo globalmente, à luz das condições de desenvolvimento capitalista, para se determinar o real significado das suas características.

Assim, não é difícil perceber que a urbanização se acelera naqueles países cuja estrutura econômica está sofrendo transformações pelo desenvolvimento de novas atividades, industriais e de serviços, que são necessariamente praticadas a partir de uma base urbana. A urbanização, em si mesma, portanto, nada tem de excessiva e, na verdade, está correlacionada com o desenvolvimento das forças produtivas. É preciso notar, porém, que a velocidade do processo também sofre a influência do crescimento da população, que se acelerou na América Latina depois da última Grande Guerra, e dos fatores de expulsão que atuam nas zonas rurais produzindo fluxos de migração urbana. Quanto ao crescimento demográfico, a própria urbanização tende a detê-lo na medida em que a população urbana, em quase todos os países, apresenta fertilidade mais baixa que a rural e em decréscimo. Os dados disponíveis estão a mostrar que, na maioria dos países da América Latina, a transição demográfica iniciada há 30 ou 40 anos com a redução da mortalidade está em vias de se completar com a queda recém-iniciada da fertilidade.

A migração rural é produzida por dois tipos diferentes de fatores de expulsão. Um resulta da pressão populacional sobre a terra: o saneamento de áreas rurais ou simplesmente a difusão de vacinas e antibióticos reduz a mortalidade, provocando o aumento da população que se defronta com uma disponibilidade de terra limitada física ou socialmente. Em muitos lugares não há reservas de terra agriculturável, em outros ela se encontra monopolizada por latifúndios. Face a um tal desafio, a população é obrigada a adotar técnicas de cultivo e criação que elevam a produtividade da terra. Quando o desafio pode ser respondido com técnicas que requerem maior volume de insumos industriais – fertilizantes, inseticidas, irrigação por meios mecânicos (bombas movidas por motores) – há uma elevação simultânea da produtividade do solo e do trabalho. Mas este quase nunca é o caso em comunidades do Setor de Subsistência, cuja falta de recursos provoca um empobrecimento geral da população, na medida em que ela se multiplica. A saída, mais cedo ou mais tarde, é a migração para as cidades do excedente de população, cujo deslocamento é produzido por *fatores de estagnação* das forças produtivas.

O outro tipo de fator de expulsão se dá no contexto de uma reestruturação das relações de produção face às imposições do desenvolvimento das forças produtivas no sistema capitalista. Quando áreas em economia de subsistência são conectadas ao mercado, devido à expansão da rede de transporte, se desencadeiam fortes pressões no sentido da sua integração na economia de mercado. Tais pressões podem tanto levar a uma expropriação do solo por parte de empresários capitalistas como dar lugar a um processo de diferenciação no seio da própria comunidade, da qual acabam surgindo camponeses ricos e proprietários médios, que se apossam por compra, arrendamento ou execução de dívidas de mais e mais terras, cujos antigos donos são proletariados. Num caso ou no outro, a produção se encaminha cada vez mais para o mercado, portanto se especializa, sendo restringidos ou abandonados os cultivos para o mero consumo local. A comunidade passa a consumir mercadorias em maior quantidade, inclusive bens industrializados, o que tende a eliminar o artesanato local. O resultado, em geral, é uma liberação de força de trabalho, que é obrigada a emigrar. O deslocamento da população é produzido, neste caso, por *fatores de mudança* das relações de produção.

A acelerada urbanização que se verifica atualmente na América Latina pode ser considerada o resultado da ação conjunta destes fatores. A queda da mortalidade nas cidades acelerou o crescimento vegetativo de sua população. O mesmo fenômeno no campo deve ter provocado fluxos migratórios causados por fatores de estagnação. Finalmente, a expansão da rede de transporte, principalmente rodovias, atingiu sucessivamente novas áreas, ligando-as à economia de mercado, o que deve ter ocasionado migrações por fatores de mudança. Nada disso tem necessariamente que ver com a dependência. Durante o período do "capitalismo nacional", de 1920 ou 1930 até 1950, mais ou menos, o processo assumiu estas características, que meramente se acentuaram no período seguinte, no qual se deu a forte penetração do capital estrangeiro, mas que se teriam acentuado mesmo sem ele. Reformas agrárias em alguns países, notadamente no México, na Bolívia e, há poucos anos, no Peru, tornaram acessíveis à população terras antes monopolizadas por latifúndios, o que deve ter retardado a ação dos fatores de estagnação. Mas tanto nestes países como nos demais, as transformações estruturais produzidas pelo desenvolvimento impõem a "urbanização da economia", na apta expressão de Quijano, e, portanto, a urbanização da população. A forma concreta que este processo assume no capitalismo é a de amplos fluxos migratórios provocados por fatores de mudança. Para se entender, portanto, o significado histórico da urbanização em cada um dos países latino-americanos, não basta verificar sua magnitude. É preciso verificar, antes de mais nada, se a migração rural é provocada por fatores de mudança ou de estagnação. No primeiro caso, a urbanização é um aspecto necessário do desenvolvimento das forças produtivas, cuja intensidade é refletida pelo ritmo de crescimento das cidades. No segundo caso, a urbanização meramente reflete a incapacidade do sistema de responder positivamente ao desafio representado pelo crescimento populacional.

As transformações da estrutura econômica, acarretadas pelo desenvolvimento, não somente provocam rápida urbanização mas também forte concentração urbana. Castells apresenta a "preponderância desproporcionada das grandes aglomerações e em particular *a concentração do crescimento urbano numa grande região metropolitana*" como sendo a "marca mais chocante" da formação de uma rede urbana truncada e inarticulada (p. 11, sublinhado no original). A escolha dos adjetivos – preponderância desproporcionada, marca mais chocante – trai a indignação do analista face ao fenômeno. Mas "desproporcionada" em relação a quê? Qual é a norma, em que limites a preponderância da metrópole permanece "proporcionada"? O fato de Montevidéu concentrar um terço da população uruguaiana é muito? Por quê?

As cifras e a indignação de Castells são muito frequentemente ouvidas e lidas, quando se discute a primazia metropolitana nos países não desenvolvidos e sempre se estabelece uma cumplicidade de subentendidos entre os que comungam no temor da "explosão urbana": admite-se, sem nunca explicitá-lo, que a enormidade das cifras *em si* seja justificativa suficiente para a indignação e o temor. Castells ainda é modesto: apenas apresenta as proporções da população metropolitana sobre a total em vários países. É preciso testemunhar o espanto suscitado pelos números absolutos: São Paulo terá no fim do século mais de 25 milhões de habitantes, a Cidade do México talvez ainda mais... E gente que, em outros assuntos jamais aceitaria um julgamento de valor sem um exame objetivo dos fatos, se deixa fascinar por grandes números, atuais ou projetados, incapaz de preservar seu sangue-frio e se perguntar: por que 25 milhões é muito? Com que padrão estamos comparando o quê?

Na verdade, não existem padrões científicos que permitam julgar excessivo qualquer grau de concentração urbana. Duas tentativas, dignas de registro, uma teórica e uma empírica, foram feitas, ambas sem resultados conclusivos. A primeira é a Teoria do Lugar Central, que parte do pressuposto de que cada tipo de atividade apresenta uma escala mínima ótima de operações; assim sendo, as atividades em que esta escala mínima é pequena (comércio a varejo, por exemplo) podem estar presentes em um grande número de "lugares centrais", cada um atendendo a população de uma pequena área circular ao seu redor; as atividades em que a escala mínima é maior acham-se concentradas num número menor de "lugares centrais" e atendem a população num círculo bem maior; as atividades de escala mínima muito grande estão todas concentradas num único "lugar central" e atendem a toda a população do país (sem considerar a demanda externa). A Teoria do Lugar Central explica assim a hierarquia funcional das cidades na rede urbana, cujo grau de concentração depende da importância relativa das várias atividades de diferentes escalas mínimas de operação. Como estas escalas são uma função da tecnologia, variável eminentemente dinâmica, a Teoria tende muito mais a ratificar a concentração urbana existente em cada momento, ao explicá-la, do que oferecer um padrão que permita avaliar a adequação de um determinado grau de concentração.

A outra tentativa foi encontrar uma relação empírica entre o tamanho de cada cidade e seu lugar na ordenação de todas as cidades, da maior à menor. É a "rank-size correlation", que em alguns lugares deu como padrão a regra de que a maior cidade é duas vezes maior que a segunda em tamanho, três vezes maior que a terceira e assim por diante. Obviamente, se em algumas regiões ou países esta regra encontrou comprovação, em numerosos outros a "rank-size correlation" é completamente diferente, e nada permite afirmar a superioridade de um tipo de correlação sobre qualquer outro.

O que resta a fazer, portanto, é examinar os fatores que levam à concentração urbana para, em seguida, se poder formular indagações adequadas quanto às suas consequências. A Teoria do Lugar Central lança luz sobre um desses fatores: os requisitos tecnológicos de escala mínima de operação, que impõem objetivamente certa concentração espacial em uma ou poucas unidades de determinadas atividades. A indústria oferece numerosos exemplos de atividades que requerem ampla escala de produção: siderurgia, refinarias de petróleo, indústria automobilística etc. A este fator deve-se agregar outro: os ganhos de escala que podem ser obtidos nos chamados serviços de infraestrutura – transportes, energia, serviços de água, de esgotos, de comunicações etc. – e que levam, principalmente em países que sofrem de escassez de tais serviços e devem, portanto, aproveitar ao máximo a sua capacidade instalada, a uma concentração espacial de atividades nas áreas em que aqueles serviços estão disponíveis.

Estes são todos fatores objetivos, que favorecem a concentração espacial de atividades econômicas e, portanto, a concentração urbana. É preciso agora verificar como tais fatores e outros condicionam a localização de atividades nas condições da industrialização capitalista. Sendo a empresa capitalista autônoma quanto à sua decisão locacional, ela a toma em função de estímulos de mercados e das preferências subjetivas de seus dirigentes. Ambas as circunstâncias levam à concentração de atividades em áreas metropolitanas. Para resumir um tema demasiado longo para os limites deste trabalho, basta referir o seguinte: a) os estímulos de mercado traduzem e reforçam os requisitos de escala mínima de operação, ao favorecer a concentração empresarial do capital; na medida em que as firmas se agigantam, elas tendem a concentrar a maior parte dos seus estabelecimentos na mesma área para facilitar o controle administrativo dos mesmos. O desenvolvimento de melhores técnicas de comunicação tende a atenuar esta tendência sem anulá-la; b) os custos dos serviços de infraestrutura levam à concentração espacial, até o ponto em que sua saturação passa a refletir deseconomias de aglomeração; mas, neste ponto, a ampliação da capacidade destes serviços é paga, sob a forma de despesa pública, pelo conjunto da economia, de modo que aquelas deseconomias são por assim dizer socializadas, ao passo que as economias externas são usufruídas pelas empresas; c) na medida em que a localização da empresa condiciona a localização da residência de seus dirigentes, a atração exercida pela vida metropolitana sobre os que têm poder para influir na decisão locacional acaba também por favorecer a concentração espacial; d) finalmente o ônus da concentração espacial representado pelo esvaziamento econômico e, em menor escala, demográfico de certas regiões, onde recursos naturais, estruturas urbanas e serviços de infraestrutura passam a ser cada vez mais subutilizados, é primordialmente suportado pela população mais pobre sem se fazer sentir sobre a lógica de localização da empresa capitalista. Deste modo, é preciso concluir que o capitalismo tende a produzir um grau de concentração urbana superior ao decorrente das imposições da tecnologia.

É preciso notar que a tendência à *superconcentração urbana*, entendida como concentração de atividades e de população em uma ou poucas unidades, em detrimento do resto da rede urbana, *acima* dos requisitos da tecnologia, é uma contradição que o capitalismo apresenta em países desenvolvidos (Inglaterra, França, Itália) tanto quanto em países não desenvolvidos. Outra coisa a observar é que não se trata de uma contradição insuperável do sistema. A tendência à superconcentração resulta do livre funcionamento dos mecanismos de mercado, que protege as microdecisões locacionais de suas consequências macroeconômicas. Mas, quando tais consequências se tornam econômica e politicamente insuportáveis, o Estado capitalista pode intervir e tem intervindo nos mecanismos de mercado, no sentido de descentralizar espacialmente a acumulação do capital. Não há, em princípio, nenhuma razão para que os programas de desenvolvimento regional não deem os resultados que deles se pode esperar. No Brasil, por exemplo, a macrocefalia industrial de São Paulo tem sido enfrentada mediante a transferência de recursos públicos, provenientes do Imposto de Renda, aos empresários que se proponham a investi-los nas áreas desfavorecidas, principalmente no Nordeste. O resultado (após 10 anos de aplicação destas medidas) foi um surto de industrialização nesta região.

É importante notar tanto o êxito como as limitações do programa. Efetivamente, conseguiu-se criar uma corrente de capitais que fluem de São Paulo para o Nordeste, utilizando o Estado o seu poder tributário para reorientar os fluxos de investimento. Criaram-se, deste modo, condições para eliminar algumas das perdas decorrentes da superconcentração urbana. Mas a descentralização obtida limitou-se à criação de dois novos polos industriais na área – Recife e Salvador – mantendo-se o resto do Nordeste quase nas mesmas condições miseráveis de antes. A macrocefalia foi algo diminuída, mas uma verdadeira incorporação de todo Nordeste à economia industrial não se deu nem se poderia dar. Em segundo lugar, não houve qualquer descentralização do poder econômico. O capital paulista foi induzido a investir no Nordeste e, consequentemente, o parque industrial assim criado é dominado por aquele capital. Aplicando-se às relações entre São Paulo e o Nordeste os esquemas de dependência, seria possível dizer que, até 1960, o Nordeste dependia de São Paulo em termos capitalistas-comerciais, trocando seus produtos agrícolas por bens industrializados paulistas, ao passo que com o programa de desenvolvimento regional, a dependência tornou-se capitalista-financeira. Isto significa que a mais-valia produzida no Nordeste é, em boa parte, apropriada pelo capital paulista que a redistribui como capital acumulado pelo território nacional, de acordo com os seus interesses.

Ambas as limitações são as que se poderiam esperar nas condições capitalistas. Para evitá-las teria que haver um processo de expropriação de parte do capital de São Paulo, para transferi-la ao Nordeste como capital público, o que contradiz frontalmente a lógica do sistema. É duvidoso, por outro lado, que conviesse a um país de baixo nível de capitalização uma ampla descentralização espacial da acumulação a ponto de incorporar todas as áreas atrasadas, dados os custos de implantação de serviços de infraestrutura que isso requereria. Uma industrialização com máxima economia de capital tende, independentemente do sistema, a se concentrar num reduzido número de polos urbanos, o que nem por isso torna a rede urbana truncada e inarticulada. O que se dá, de fato, é um processo de desenvolvimento desigual, do qual resulta o rápido crescimento de algumas cidades e a decadência de outras. Mas a decadência de partes inteiras da rede urbana resulta da dinâmica do desenvolvimento capitalista das forças produtivas e nada tem que ver com uma desintegração da economia nacional em virtude da dependência do capital monopolista internacional. Este se comporta, face às decisões locacionais, de modo análogo ao de qualquer outro capital, apresentando as mesmas tendências à superconcentração e se mostrando igualmente suscetível a ser reorientado mediante adequados estímulos governamentais. As empresas de capital estrangeiro, no Brasil, localizadas predominantemente em São Paulo, implantaram sucursais no Nordeste com o mesmo afã de fazer bons negócios que as empresas de capital nacional.

Em suma, a concentração urbana e a primazia metropolitana são *falsos problemas,* na medida em que sua eventual "correção" demanda apenas um certo aperfeiçoamento do aparelho de planejamento territorial, nos limites do sistema. É preciso não assimilar os desníveis que se originam da superconcentração urbana aos que decorrem da concentração do capital. Estes últimos são contradições centrais do capitalismo contemporâneo, que só podem ser superados momentaneamente, para se recolocarem com maior gravidade no momento seguinte. Já os primeiros têm sua significação bastante reduzida, desde que não se parta de padrões preconcebidos de "normalidade" urbana.

Se passarmos agora dos desníveis dentro da rede urbana aos desníveis que ocorrem devido à transformação das relações entre campo e cidade, entramos num tema muito mais prenhe de significações. Para mais uma vez retomar os autores sob exame, Castells nota, sinteticamente, "um reforço da distância social e cultural entre a antiga sociedade urbana e o mundo rural que não somente permanece atrasado mas entra num processo de desintegração" (p. 11). Castells não especifica este processo de desintegração, mas Quijano ("Dependencia etc.", p. 129) o faz do seguinte modo: "A difusa e molecular, em alguns casos, e drástica e rápida, em outros, a penetração do mercado de produtos de procedência urbana no campo, a consequente formação de uma rede de mercados rurais e semiurbanos, pequenos se se os considera isoladamente porém em seu conjunto importantes, tendem a desarticular a estrutura da economia das zonas rurais não imediatamente incorporadas à produção exportadora, dado o enorme e crescente desnível destas zonas com as zonas urbanas em expansão econômica". Estamos, pois, em face de um processo quase clássico de penetração do capitalismo numa economia não capitalista de subsistência, desintegrando-a numa primeira fase para incorporar seus elementos produtivos logo em seguida. Este processo é um dos aspectos essenciais do desenvolvimento capitalista e assume modalidades distintas conforme a região, o país e a época. A economia que se desintegra mostrou-se incapaz de desenvolver as forças produtivas e sucumbe, como o mostra Quijano, face à superioridade econômica das relações de produção capitalistas. É verdade que, em muitos casos, a "penetração dos produtos de procedência urbana" se dá pelo caminho da violência expropriadora, que reproduz em solo latino-americano, no século XX, as vicissitudes da "acumulação primitiva" que precedeu a Revolução Industrial inglesa. Seja como for, não há por que derramar lágrimas sobre a desintegração de uma economia cujo equilíbrio social se baseava no atraso tecnológico, no isolamento cultural e na preservação de sistemas de dominação fixados na tradição e no imobilismo.

O problema que, verdadeiramente, se coloca é que a penetração do capitalismo na economia rural, na maioria dos países latino-americanos, não provocou a revolução agrícola que seria de se esperar. Embora haja exceções locais, a regra é que a agricultura nestes países continua tecnologicamente atrasada, com baixos níveis de produtividade do trabalho e de rentabilidade do solo. Isso se verifica igualmente nas áreas de agricultura comercial, que parece ter herdado da economia de subsistência não só seus elementos produtivos, mas também seus métodos de cultivo e de criação. A explicação mais geral deste atraso da agricultura (embora deva haver muitas outras, mais específicas) parece ser que o elevado crescimento vegetativo da população rural, que coincidiu em linhas gerais com a penetração do capitalismo nas zonas rurais, produziu uma elevação da oferta de força de trabalho, reduzindo o seu preço ao nível de mera subsistência fisiológica, o que tornou economicamente desvantajosa a adoção de técnicas mais avançadas, que via de regra requerem o uso de mais capital em lugar da mão de obra. É claro que os níveis espantosamente baixos de remuneração do trabalho agrícola em quase todos os países da América Latina se devem também à ausência de qualquer vestígio de organização do proletariado rural, a qual é cuidadosamente reprimida tão logo seja tentada. O Chile é, neste sentido, uma exceção significativa.

Se isto é assim, o fraco desenvolvimento das forças produtivas na agricultura latino-americana se deve, dadas as condições institucionais de compra e venda de força de trabalho, à *insuficiência* das migrações rurais, que acabam se constituindo na única alternativa para a grande massa de trabalhadores sem terra face a sua marcante inferioridade de poder de barganha no mercado de trabalho. Assim, em vez de se postular o propalado *excesso* das migrações do campo à cidade, visto de um ângulo urbano e, ademais, conservador, a visão de conjunto da economia dos países latino-americanos permite detectar um excesso de população no campo, excesso nos limites de uma agricultura capitalista, bem entendido, e ainda marcada por elevada concentração da propriedade do solo. Desta maneira, a indagação realmente correta não é por que migra tanta gente do campo, mas, antes pelo contrário, por que não migra mais? A resposta a esta indagação está longe de ser conhecida devido a uma série de motivos, um dos quais é que até agora ela não foi ainda seriamente colocada em nenhuma das copiosas investigações sobre migrações internas na América Latina. É provável, no entanto, que o relativo imobilismo da massa rural, que exporta às cidades, quase sempre, apenas uma parte do seu incremento demográfico, está ligado a sua pobreza, a seu limitado horizonte cultural e ao caráter recente dos fluxos migratórios, que requerem um certo lapso de tempo para se avolumar. A mecânica das migrações ainda está longe de ser bem conhecida, mas sabe-se que há uma interação entre migrantes antigos e novos que assegura a continuidade e a expansão dos fluxos migratórios e que lhes confere um certo ritmo. Dado este ritmo, é provável que num futuro próximo as migrações rurais deverão, em muitos países do continente, atingir volume suficiente para reduzir, em termos absolutos, a população rural e, portanto, a oferta de força de trabalho no campo. É possível que, então, a mecanização das atividades agrícolas abra caminho a uma ampla renovação tecnológica da agricultura, a qual poderá ter, por consequência, a formação de um proletariado rural e o desenvolvimento da luta de classes no campo. No momento, as condições da agricultura latino-americana favorecem a acumulação do capital nas cidades, ao tornar factível uma oferta de alimentos a preços baixos, em consequência do custo irrisório da mão de obra agrícola, o que permite manter em nível baixo o custo de reprodução de força de trabalho urbana, a qual se vê, além disso, reforçada pelo contínuo afluxo de migrantes rurais – e tudo isso sem que a agricultura requeira investimentos significativos.

É preciso referir, finalmente, que o desnível de padrão de vida entre cidade e campo resulta basicamente do aprofundamento da divisão do trabalho entre eles, o qual consiste, em sua essência, na transferência, à cidade, de atividades que antes eram realizadas com técnicas artesanais no meio rural. Este esvaziamento econômico do meio rural, que, cada vez mais, é reduzido à especialização única em atividades primárias, não é acompanhado por uma transferência proporcionalmente rápida à cidade da força de trabalho assim tornada excedente. A permanência, no campo, de uma abundante mão de obra, desprovida da posse de meios de produção, permite a sobrevivência de formas de exploração pré-capitalistas, como a parceria, a renda-trabalho etc., que persistem ao lado da forma capitalista de exploração, o salariado, e às vezes são combinadas com ele. As condições ecológico-demográficas condicionam, deste modo, arranjos institucionais que sufocam qualquer tentativa de introduzir, no agro latino-americano, relações de produção características do capitalismo hodierno.

É difícil imaginar em que medida a compreensão deste processo todo é ajudada mediante o seu enquadramento em esquemas de dependência. Quijano ("Dependencia etc.", p. 130), por exemplo, encara a transformação das relações campo-cidade como estabelecendo uma dupla dependência: de um lado, a expansão da dependência global do país; do outro, a dependência do campo em relação à cidade. Conclui que "o colonialismo interno se amplia e se aprofunda". Nesta observação, a palavra "dependência" designa dois conjuntos de relações bastante diferentes. Um é o que contrapõe os países latino-americanos aos países capitalistas desenvolvidos, que exportam aos primeiros capital e tecnologia, adquirindo deste modo um certo grau de domínio sobre sua economia, o que lhes permite explorá-la. O outro é o que contrapõe a cidade como sede do capitalismo industrial em expansão face ao campo, cuja estrutura econômica é transformada (e esvaziada) em função das necessidades da economia urbana. A cidade pouco investe no campo, ao menos por enquanto, e seu domínio decorre de sua superioridade econômica e política. Em última análise, a dependência do campo em relação à cidade decorre da "urbanização da economia", traço essencial do desenvolvimento, capitalista ou não, ao passo que a dependência dos países da América Latina do imperialismo decorre apenas e unicamente do caráter capitalista do seu desenvolvimento. Não negamos que os dois tipos de relações podem ser enquadrados no mesmo conceito de dependência, mas num nível de abstração que não revela, se é que não vela, as características essenciais de ambos.

Uma análise num nível inadequado de abstração conduz facilmente a conclusões discutíveis. Quijano ("Dependencia etc.", p. 131), ao estabelecer uma sucessão de dependências não apenas no tempo mas também no espaço, não pode deixar de concluir que "este processo não se apresentaria com seus atuais rasgos de enorme desequilíbrio inter-regional, urbano-rural e interurbano, no processo de tremenda concentração dos benefícios do processo nas regiões e cidades mais profundamente vinculadas às metrópoles externas e, portanto, como desenvolvimento urbano em favor de uns poucos e em detrimento da grande maioria da população ou, em outros termos, como acentuação do subdesenvolvimento, se os principais fatores que alimentam todo o processo não fossem o resultado da acentuação e da expansão das relações de dependência". Esta proposição é, no mínimo, ambígua ao se apresentar de forma negativa: se os principais fatores... *não* fossem o resultado etc. Não fica claro qual é a alternativa contemplada. Uma delas poderia ser um planejamento da urbanização e da industrialização, conduzido por um poder político representativo da "grande maioria da população". Neste caso nada haveria a opor ao raciocínio, exceto que neste caso conviria explicitar que tal planejamento não se poderia dar no sistema de produção capitalista, de modo que a mera eliminação da dependência, em si, não seria suficiente. Outra alternativa seria um capitalismo nacional não dependente, o qual por si só já é algo utópico. Pela análise que Quijano apresenta do período de "crise nas relações de dependência" seria possível depreender que esta é a alternativa contemplada pelo autor. Neste caso, mesmo se admitindo que fosse uma alternativa realista, é altamente duvidoso, para exprimi-lo de forma moderada, que um desenvolvimento capitalista nacional "autônomo" pudesse produzir uma urbanização sem que houvesse enormes desequilíbrios inter-regional, urbano-rural e interurbano e tudo o mais que se segue. Seria curioso imaginar um capitalismo, autônomo ou não, capaz de impedir que os benefícios do desenvolvimento favorecessem uns poucos em detrimento da grande maioria. Pelo menos, o desenvolvimento do capitalismo na Europa e na América do Norte, afinal tão autônomo quanto se queira, não autoriza semelhante construção do espírito.

"Marginalidade" e Dependência

Se do ponto de vista das transformações econômicas e sociais no campo o volume de emigração é insuficiente, a conclusão oposta parece se impor quando o deslocamento migratório é encarado do ângulo da cidade. Castells constatou que, apesar do desenvolvimento industrial havido, mantém-se "um desnível entre o fraco desenvolvimento das forças produtivas e a aceleração da concentração espacial da população nas cidades" (p. 7). O autor pretende documentar este fato mediante o crescimento mais acelerado do emprego no Setor Terciário e, dentro deste, dos "serviços", que se supõe que abrigam um elevado desemprego disfarçado. Castells considera que "as transferências de população não são suscitadas pelo dinamismo produtivo, mas pela acumulação progressiva de massas rurais desenraizadas e de populações das pequenas cidades fugindo à miséria e ao desemprego" (p. 10). Cria-se, desta maneira, "um setor dito 'marginal' composto tanto pelas massas cada vez maiores atingidas pela decomposição interna da sociedade nacional como por aquelas que continuam presas às zonas do sistema produtivo (e seus derivados) não rentáveis na *estratégia local* das firmas multinacionais" (p. 20, sublinhado no original). Este setor dito "marginal" se contraporia a um "setor moderno *integrado* sob o controle dos monopólios".

Estas ideias são desenvolvidas mais pormenorizadamente por Quijano ("La Formation d'un Univers Marginal etc."), que distingue no sistema de produção dependente um "núcleo central hegemônico" e um "polo marginal", ambos interdependentes. A formação do polo marginal se dá mediante um processo de marginalização, que consiste na perda de significação de um certo número de papéis econômicos. Surgem deste modo "empregos marginalizados pelas relações hegemônicas de produção", que no meio urbano são constituídos pelo artesanato, pelas pequenas empresas de serviços e pelo pequeno comércio (p. 73).

Estas colocações sugerem duas ordens de problemas: a) é lícito e cientificamente válido distinguir na economia dos países da América Latina dois setores ou polos, um marginal e outro integrado e moderno?; b) aceitando-se a distinção, em que medida a dependência é o grande fator causal desta divisão da economia e da sociedade?

Quanto à primeira problemática, é preciso notar que o "dualismo" das sociedades que sofreram uma penetração parcial do capitalismo já foi notado há muito tempo e corresponde a uma importante fase histórica do passado de muitos países latino-americanos. Mais precisamente, estes países apresentavam uma fase "dual" no período em que sua economia era integralmente colonial, isto é, em que ela se compunha apenas de um Setor de Subsistência e de um Setor de Mercado Externo. O desenvolvimento significou, para estes países, o surgimento e a ampliação de um terceiro setor, o Setor de Mercado Interno, devido à industrialização por substituição de importações. Graças às transformações estruturais, que constituem uma das facetas do desenvolvimento, a bipolaridade econômica e social foi sendo, ou está sendo, superada: o Setor de Mercado Interno substitui o de Mercado Externo como líder do sistema, passando a utilizar as divisas produzidas pelo Setor de Mercado Externo para acumular capital, mediante a importação de meios de produção; ao mesmo tempo, o Setor de Mercado Interno, ao se ampliar, suscita o aparecimento de um significativo mercado urbano de artigos de subsistência (basicamente alimentos), criando, desta maneira, as condições para a penetração paulatina das relações capitalistas de produção no Setor de Subsistência, cuja natureza de economia semifechada, pouco a pouco, desaparece, incorporando-se suas atividades ao Setor de Mercado Interno.

Pretende-se agora distinguir na *nova* economia criada pelo desenvolvimento, ou mais especificamente, no Setor de Mercado Interno, dois setores que, para simplificar, denominaremos de "hegemônico" e de "marginal". O primeiro seria dominado pelo capital estrangeiro, utilizaria técnicas avançadas e apresentaria produtividade elevada, ao passo que o segundo teria características opostas: capital nacional, técnicas atrasadas, baixa produtividade. A primeira crítica a fazer é que estes critérios são apenas descritivos e não fundamentam uma distinção que se sustente teoricamente. Assim, para começar, uma boa metade da grande indústria, que usa técnicas avançadas e apresenta alta produtividade – energia elétrica, extração e refinação de petróleo, siderurgia, petroquímica etc. –, é dominada, no Brasil, pelo capital estatal. A tendência é que estas empresas se expandam pelo menos à mesma velocidade que a outra metade, dominada pelo capital estrangeiro. Não coincidem, portanto, as atividades "modernas" com o domínio do capital estrangeiro pelo menos num dos grandes países latino-americanos, sendo provável que o mesmo se aplique também ao México, à Argentina e ao Peru (depois de 1968).

Além disso, a presença do capital estatal no "setor hegemônico" não é casual. Ela se deve a uma política, posta em prática por numerosos países da América Latina, que objetiva não permitir ao capital estrangeiro a condução exclusiva do processo de industrialização. Uma outra faceta da mesma política é procurar novas formas de controle sobre o capital estrangeiro, mediante a formação de empresas mistas com participação de capital privado estrangeiro e nacional e de capital estatal. Há, em suma, uma certa luta, ora latente ora aberta, pelo controle do chamado "setor hegemônico", cujo resultado está longe de favorecer sempre o capital estrangeiro, embora seja claro que sua presença neste setor está se acentuando em vários países do continente[2].

Um outro elemento de distinção que mereceria alguma crítica é o que atribui ao "setor hegemônico" determinadas características econômicas e técnicas, em contraposição ao "setor marginal". Na verdade, a mais significativa destas características é, em geral, deixada de lado: o tipo de organização do mercado – monopolístico ou concorrencial – de cada setor. Tomando-se esta característica por base, poder-se-ia distinguir na economia de cada país capitalista, não só dos da América Latina, mas dos de todos os continentes, inclusive da Europa e da América do Norte, um setor monopolístico e outro competitivo. Dada a grande importância das mudanças nas formas de organização do capitalismo contemporâneo, a distinção entre a parte da economia já integrada ao capitalismo monopolista e a parte ainda competitiva permitiria verificar em que medida o desenvolvimento, na América Latina, percorre os caminhos históricos da evolução daquelas formas ou eventualmente salta etapas. É preciso notar, porém, que esta distinção não convém às abordagens teóricas que privilegiam a dependência como fator causal básico, pois, na América Latina, o início da substituição de importações suscitou o surgimento de numerosos mercados monopolísticos sob a égide do capital nacional (público ou privado). Em muitos destes mercados, o capital estrangeiro logrou penetrar e até mesmo conquistar posições hegemônicas. Em outros, no entanto, ele está sendo expulso (os exemplos mais frequentes se encontram

---

[2] N.E.: A aceleração do processo de privatização, em curso no Brasil, mais especificamente a partir da segunda metade da década de 1990, parece reforçar esta tese.

nos setores de petróleo, energia elétrica e telecomunicações). Deste modo, as relações entre a expansão do capital monopolista, que anda de par em par com a industrialização na América Latina, e o aprofundamento da dependência são mais problemáticas do que as generalizações muitas vezes deixam entrever.

O problema fundamental é a gênese do capitalismo monopolista na América Latina e os fatores que condicionam sua expansão. Nos países que iniciaram seu desenvolvimento antes de 1950, quando o capital estrangeiro iniciou sua penetração maciça na indústria dos países que se desenvolviam, o capitalismo monopolista inicialmente surge dominado pelo capital nacional, privado e público. Os monopólios internacionais, de base americana, europeia e japonesa, já encontraram, nestes países, uma estrutura de mercado adequada para sua penetração, a qual era sobremodo facilitada pelo seu monopólio de certos procedimentos técnicos e pela sua capacidade de mobilizar recursos financeiros em ampla escala. A entrada do capital estrangeiro constituiu, nestes países, *um* dos fatores dinâmicos que contribuíram para a expansão e para a diversificação dos ramos dominados pelo capitalismo monopolístico, mas não o principal. Mais importante, sem dúvida, foi a concentração de renda, condicionada por fatores político-sociais *internos,* que propiciou o crescimento da demanda por bens de consumo duráveis, cuja produção é o apanágio do "setor hegemônico", assim como o desenvolvimento de uma rede de serviços de infraestrutura – transporte, energia, comunicações etc. – que permitiu, em cada país, unificar o mercado interno e aplicar técnicas de produção em massa à fabricação daqueles bens. A análise do processo de industrialização nestes países leva a concluir que se, por alguma razão, a presença dos monopólios internacionais fosse drasticamente reduzida, mantendo-se "ceteris paribus" as relações capitalistas de produção, a dinâmica do setor monopolista não seria afetada decisivamente.

Nos países latino-americanos que iniciaram sua industrialização mais recentemente, depois de 1950, a presença do capital estrangeiro foi mais atuante desde o início, porém nem por isso o seu papel foi fundamentalmente diferente do desempenhado nos países de industrialização mais antiga. Em termos mais gerais, os monopólios internacionais, ao penetrar em cada economia nacional, se aproveitam do grau de desenvolvimento em que se encontram aquelas economias para atingir os seus objetivos (deles, monopólios). Assim, em muitos países cuja economia permanece colonial, os monopólios ainda implantam, até hoje, enclaves (plantações, explorações minerais etc.) e não indústrias de transformação. Em outros, que já atingiram graus variados de desenvolvimento, os monopólios iniciam ou participam de empreendimentos, em geral industriais, cuja viabilidade decorre do fato de estarem ajustados ao nível de desenvolvimento da divisão social do trabalho de cada país. É claro que, deste modo, o capital estrangeiro pode vir a acelerar a diversificação produtiva e o avanço tecnológico em certos países, mas não tem condições de *engendrar por si só* tais transformações, exceto em colônias ou semicolônias (como Porto Rico, por exemplo).

O desenvolvimento "precoce" do capitalismo monopolista na América Latina se deve a numerosos fatores, sendo que um se liga à dependência: a inovação tecnológica. Sendo quase todas as inovações trazidas de países capitalistas adiantados, elas implicam elevadas escalas de produção e, dado o reduzido tamanho dos mercados nacionais dos vários países latino-americanos, resultam numa organização monopolística daqueles mercados. As firmas multinacionais detêm elevado poder de competição monopolística, o que lhes permite assumir frequentemente posições hegemônicas nos mercados em questão, na medida em que a competição entre monopólios requer contínuas inovações tecnológicas, não apenas novos processos de produção e novos produtos, mas também nova apresentação de produtos antigos e novos argumentos a favor do consumo destes produtos. O custo da produção de inovações tecnológicas é relativamente elevado, o que requer que sua amortização se dê em escala mundial. A vantagem específica dos monopólios internacionais consiste nisso, na sua enorme escala de operações. Mas esta vantagem é também sua fraqueza. Os monopólios, para explorar integralmente as inovações que dominam, não se podem limitar a usá-las apenas em empresas de cuja propriedade participam. O uso das inovações também é vendido, arrendado ou cedido, em troca de vantagens equivalentes, pelos monopólios. Este fato permitiu a diversos países latino-americanos reservar ao capital público ramos sumamente dependentes do avanço tecnológico. A oposição das multinacionais à sua exclusão daqueles ramos não pôde impedir que as empresas estatais adquirissem o "know-how" indispensável

Este fato comprova a hipótese de que o setor monopolístico das economias latino-americanas apresentaria as mesmas características que atualmente apresenta, mesmo que não fosse dominado pelo capital estrangeiro.

Voltemo-nos, agora, ao outro setor da economia, em que predomina o capitalismo concorrencial ou formas organizacionais que correspondem à produção simples de mercadorias. Sua origem não é, como supõe Quijano, "a perda de significação de um certo número de países econômicos, em função seja de uma baixa da produtividade do trabalho, seja da desaparição dos meios de produção necessários ou de um mercado para escoar os produtos" ("La Formation etc.", p. 72). Estas características de degradação de certos ramos de atividade constituiriam sua marginalização pelo "núcleo hegemônico".

Obviamente, a dinâmica "normal" de qualquer economia capitalista produz a decadência de certos ramos e a expansão de outros. Há ramos condenados pela transformação tecnológica, como o transporte por tração animal, o pequeno comércio a varejo e o artesanato de produtos que não são de luxo. Outros ramos perdem mercado devido ao surgimento de produtos novos, como é o caso dos tecidos de fibras naturais, substituídos pelos de fio sintético, ou da imprensa escrita que sofre a concorrência da imprensa irradiada por TV ou rádio. Mas os ramos em decadência não formam um setor da economia, nem coincidem com o conjunto das atividades que não estão no setor monopolístico. Ramos organizados monopolisticamente também decaem (o cinema, por exemplo, afetado pela concorrência da TV) e ramos competitivos, em muitos casos, se expandem. Basta recordar a grande expansão de serviços pessoais (hotéis, restaurantes) e do artesanato, organizados em mercados concorrenciais, como consequência do crescimento do turismo, em vários países latino-americanos.

O problema verdadeiramente significativo, suscitado pela divisão da economia numa parte monopolística e noutra competitiva, é determinar-se os fatores que impedem o capital monopolista de dominar toda economia, ou seja, de penetrar nos ramos cujos mercados ainda são concorrenciais. Há duas espécies distintas de fatores: uma ligada à escala de produção, outra derivada do custo relativo dos fatores de produção. Quanto à primeira, trata-se de atividades que pela sua natureza só podem ser exercidas em pequena escala, o que retira da organização monopolística (como ela é praticada no capitalismo de hoje) sua própria razão de ser. O artesanato ou a prestação de serviços pessoais são atividades organizadas em unidades pequenas ou médias. A concentração do capital nestes ramos apresenta menos vantagens do que na indústria ou nos transportes, por exemplo, o que dificulta a redução do número de estabelecimentos. Mesmo assim, a comercialização dos produtos do artesanato tende a ser monopolizada, e, nos países mais industrializados, começam a predominar redes de hotéis, restaurantes, lavanderias etc. em certos mercados. As vantagens dos monopólios, nestes casos, são muitas vezes financeiras: eles têm mais facilidade de mobilizar grandes capitais para inverter em ramos que se expandem rapidamente. Não obstante, os estabelecimentos menores resistem por mais tempo à sua absorção pelos monopólios, exatamente porque estes não dispõem de uma sólida vantagem técnica, que, em geral, se traduz em custos mais baixos que os dos estabelecimentos menores.

A outra espécie de fatores, que limitam a expansão do capitalismo monopolista, prende-se a situações em que existe uma abundante oferta de força de trabalho a preço muito baixo, o que tende a reduzir a vantagem das técnicas de produção em massa, que utilizam menor soma de trabalho por unidade de produto. Nestas condições, o avanço tecnológico é mais lento, retardando-se a concentração do capital e preservando-se, portanto, o caráter concorrencial do mercado. Exemplo típico, na América Latina, é a construção civil, principalmente residencial, em que o uso extenso de mão de obra de pouca qualificação e baixo preço impede a mecanização da atividade através do uso de elementos pré-fabricados.

Na maioria dos países latino-americanos, excetuando-se provavelmente a Argentina e o Uruguai, a economia capitalista dispõe de ampla oferta de força de trabalho, proveniente da dissolução do Setor de Subsistência e da aceleração do crescimento demográfico. O preço da força de trabalho de pouca qualificação, nestes países, é muito baixo não só devido ao seu grande número, mas também devido ao seu reduzido nível de organização, que limita fortemente seu poder de barganha no mercado de trabalho. Nestas circunstâncias, nos ramos em que este tipo de mão de obra é utilizado em grandes proporções – agricultura, construção civil, serviços pessoais, comércio e certas indústrias, como a de roupas ou de alimentos –, as técnicas que vigoram são pouco avançadas, e a escala de produção é pequena, havendo reduzida concentração de capital e mercados em geral competitivos. É preciso notar que em algumas destas atividades não foram ainda desenvolvidas com êxito técnicas de produção em massa ou estas técnicas requerem uma procura espacialmente concentrada com elevado poder aquisitivo, como é o caso do comércio varejista em grandes estabelecimentos. Em outros ramos, no entanto, as técnicas de produção disponíveis prescindem do uso em proporções elevadas de mão de obra pouco qualificada, impondo-se a utilização intensiva de capital e, quase sempre, a produção em grande escala. Estes ramos – indústrias de bens de consumo duráveis, de equipamentos, de bens intermediários, transporte aéreo, telecomunicações etc. – compõem necessariamente o setor monopolístico da economia.

Vê-se, assim, que a divisão da economia capitalista em dois setores obedece a fatores objetivos, decorrentes das diferenças entre os vários ramos, no que se refere à composição orgânica do capital, ao custo da reprodução da força de trabalho e ao tamanho da demanda solvável. Quando certos ramos do setor competitivo crescem rapidamente, sob o estímulo da expansão da demanda por seu produto, podem-se criar condições favoráveis à sua monopolização. *Neste* caso, a entrada do capital monopolista no mercado tem por consequência a ruína dos estabelecimentos pequenos, os que não fecham imediatamente estagnam; o uso de técnicas mais produtivas pelas unidades monopolísticas provoca desemprego tecnológico, criando-se simultaneamente um grupo de ex-empresários proletarizados e um grupo maior de proletários desempregados. Nos países latino-americanos, cuja economia está sofrendo rápidas transformações estruturais, há sempre um certo número de ramos em processo de monopolização. Este processo sói ser demorado, e, enquanto ele não se completa, tais ramos apresentam um certo número de estabelecimentos que sofrem de "uma baixa da produtividade do trabalho, da desaparição dos meios de produção necessários ou de um mercado para escoar seus produtos". Não se justifica, porém, supor que o conjunto das atividades que não integram o setor monopolístico apresenta estas características de "marginalização". Antes pelo contrário, a expansão do setor monopolístico cria, direta ou indiretamente, condições para a multiplicação de atividades competitivas inegavelmente prósperas, em que a acumulação do capital se processa mediante a exploração extensiva de trabalhadores pouco qualificados. Para se ter uma ideia da amplitude deste fenômeno, basta pensar nas consequências do desenvolvimento da indústria automobilística em alguns países latino-americanos: multiplicaram-se oficinas de consertos, lojas de peças de reposição, postos de gasolina, garagens e áreas de estacionamento, sem falar no crescente número de lavadores de carros, motoristas etc. e na expansão do comércio (este competitivo) de veículos usados. Nenhuma destas atividades é organizada monopolisticamente, porém elas tampouco apresentam as marcas da "marginalização".

É verdade que o setor monopolístico explora o resto da economia, na medida em que as relações de troca entre as duas partes são influenciadas pelos sobrepreços que os monopolistas podem impor exatamente por serem monopolistas. Deste modo, uma parte do excedente produzido na economia não monopólica é transferida ao setor monopolístico, o qual, por isso, tende a acumular mais capital, necessitando, consequentemente, sempre de novas esferas de inversão, o que lhe confere um caráter extremamente dinâmico. Em termos comparativos, a economia não monopólica tende a apresentar crescimento mais lento, a não ser os ramos que se ligam mais diretamente ao setor monopolístico.

Colocam-se, portanto, as seguintes alternativas: ou o setor "marginal" engloba as atividades que não integram o setor monopolístico e neste caso não apresenta as características descritas por Quijano (perda de significação de um certo número de papéis econômicos) ou então pertencem ao setor "marginal" unicamente os estabelecimentos que sofrem a pressão competitiva do capital monopolista. É o que o autor possivelmente tem em mente, ao mencionar como empregos marginalizados no meio urbano os dos artesãos, os das pequenas empresas de serviços e os do pequeno comércio. Mas, neste caso, entre o "núcleo hegemônico" e o setor "marginal" interpõe-se todo um conjunto de atividades, que por não estarem monopolisticamente organizadas não pertencem ao núcleo hegemônico e por não sofrerem perda de significação etc. tampouco são marginalizadas. Deste modo, vê-se que a visão dicotômica, apresentada pelo autor, não corresponde à realidade bem mais complexa da América Latina.

Resta ainda comentar brevemente a assertiva de Castells de que o setor "marginal" seria composto pelas massas "atingidas pela decomposição interna da sociedade nacional" (além das que continuam nas zonas não rentáveis do sistema produtivo). Parece, em primeiro lugar, exagerado assimilar a decomposição do Setor de Subsistência, que efetivamente libera mão de obra e provoca migrações rurais, à decomposição da sociedade nacional. A sociedade nacional, na maioria dos países da América Latina, já há muitos anos centra-se no meio urbano, no qual não se notam sinais de decomposição.

Mais importante, todavia, que a discussão do caráter da "decomposição" (seria melhor falar de mudança nas relações de produção), que provoca o afluxo de massas aos centros urbanos maiores, é verificar se existe um desnível entre este afluxo e o desenvolvimento das forças produtivas. Efetivamente, este parece ser o caso, embora por indicações diferentes das apontadas por Castells, isto é, o crescimento mais rápido do emprego no Setor Terciário do que no Secundário. Este fenômeno não se dá apenas na América Latina, mas em quase todos os países, e se deve ao aumento mais rápido da produtividade na indústria do que na maioria dos serviços (exceto transporte e comunicações). Não há, na verdade, informações suficientes sobre os níveis de desemprego aberto e oculto nas cidades latino-americanas para se poder tirar conclusões seguras a respeito do tamanho do exército industrial de reserva que está se formando nas grandes cidades do continente, mas a grande expansão do serviço doméstico (que constitui um "falso emprego" do ponto de vista da economia capitalista) tende a indicar que ele é ponderável.

É preciso, no entanto, indagar a que se deve este insuficiente desenvolvimento das forças produtivas. Dado o caráter capitalista das economias latino-americanas, ele só pode ser atribuído a uma insuficiente acumulação de capital, a qual sofre de fortes limitações devido a pelo menos dois fatores: a) a existência de amplos setores de produção tecnologicamente atrasados, em que a produtividade é baixa, sendo reduzida, por isso, a produção de excedente acumulável (a agricultura é, destes setores, o mais importante); b) a exportação de capital pelos monopólios internacionais, que se apropriam de boa parte do excedente produzido nos setores onde a produtividade é elevada. Deste modo, concordamos com Castells que de fato a dependência é, parcialmente, responsável pela marginalização de uma parte da população dos países latino-americanos, porém não porque ela provoque desemprego tecnológico ao utilizar técnicas que requerem elevada composição orgânica do capital, mas porque o excedente assim produzido não é acumulado por inteiro dentro destes países. Esta constatação não deve, porém, levar à conclusão de que um capitalismo "nacional" provavelmente produziria uma maior acumulação de capital em cada país. Dado o nível de industrialização já atingido pelos principais países do continente, um capitalismo "nacional" (se ele fosse factível) teria necessariamente de se organizar em mercados monopolísticos, dando lugar à criação de monopólios de base nacional. Tais monopólios, supostamente privados e devotados à maximização de sua taxa de lucro, tenderiam a entrar no mercado mundial de capitais, redistribuindo seu quinhão da mais-valia nacional pelos países que apresentassem melhores perspectivas de lucro. É este, aliás, o comportamento dos poucos monopólios de base latino-americana que já existem.

Em suma, embora haja relações causais significativas entre dependência e marginalidade, estas relações podem ser estudadas e analisadas de modo mais adequado num nível de maior concreção, em que a dependência deixa de ser a principal fonte de determinação social para se tornar um entre vários fatores que influem no desenvolvimento, na urbanização e na marginalização em sociedades como as latino-americanas.

CAMPO E CIDADE NO CONTEXTO HISTÓRICO LATINO-AMERICANO

Introdução

Para que se possa fazer uma ideia adequada do papel que campo e cidade desempenharam no contexto histórico latino-americano, é preciso, de início, abandonar a distinção ecológico-demográfica formal entre as duas categorias. Admitir um limite qualquer, de tamanho da população ou de densidade demográfica, para distinguir campo e cidade só tem sentido numa situação histórica dada. Se o problema, no entanto, consiste em analisar campo e cidade ao longo de um período histórico, o critério formal tem de ser substituído por uma noção mais ampla e multiforme. Esta noção precisa ser simultaneamente política e econômica, partindo de uma divisão de poderes e de atividades entre campo e cidade.

Assim, pode-se admitir que o poder político nacional e regional tem de ter por sede uma base urbana. Na medida em que o exercício do poder requer a existência e o uso de aparelho administrativo e de força armada, ele impõe a reunião num mesmo lugar de um corpo de funcionários, civis e militares, que, desta maneira, "criam" a cidade, quando esta já não preexiste. O poder político, no campo, é necessariamente descentralizado, abrangendo uma área muito mais limitada. É o poder local exercido pelos que detêm a propriedade da terra ou, então, pelos representantes do poder central. Neste sentido, campo e cidade se distinguem pelo âmbito e, portanto, pela natureza do poder que nelas encontra abrigo. A cidade, que sedia o poder como uma de suas principais razões de ser, domina politicamente o campo, impondo-lhe sua autoridade e sua lei. Nestes casos, a cidade sede do poder recebe um fluxo de recursos do campo, geralmente sob a forma de tributos, parte dos quais, pelo menos, é retida nela e serve ao sustento de uma parcela da população urbana.

Do ponto de vista econômico, a divisão de trabalho entre campo e cidade se caracteriza, num nível elevado de abstração, pela ausência de atividades primárias – agrícolas e extrativas – na cidade. Este tipo de atividades requer, em geral, uma utilização extensiva do espaço, incompatível com a ocupação mais densa do solo que caracteriza a cidade. A exploração mineral pode constituir uma exceção a esta lei, mas apenas em termos relativos. Mesmo quando núcleos de mineradores chegam a se constituir em cidades, a atividade extrativa se faz, em geral, fora dos limites urbanos. Também não se pode desconhecer a presença de certas atividades agrícolas em cidades. Elas são, no entanto, praticadas na periferia da área urbana e constituem, em geral, atividades pouco importantes no contexto citadino.

Na medida, portanto, em que a economia urbana exclui o contato direto com a natureza, a cidade não pode ser economicamente autossuficiente e, de fato, quase nunca o é. O campo, pelo contrário, inclui, entre as atividades que nele se realizam, as primárias, o que lhe permite, em princípio, ser economicamente autossuficiente. Desta maneira, a cidade praticamente sempre depende do campo para sua subsistência, enquanto o campo só depende da cidade a partir de um certo grau de especialização das atividades que nele se desenvolvem. Mais especificamente, apenas quando no campo a atividade primária se torna a única ou quase isso é que ele passa a depender dos produtos da cidade do mesmo modo que esta depende dos produtos do campo.

Cidade e campo constituem, desta maneira, dois modos distintos de organização da vida social[1]. A cidade, para poder subsistir, tem de dominar o campo, para dele extrair um excedente.

---

[1] Assim tem sido, pelo menos até as últimas décadas, quando o impacto da especialização e do avanço tecnológico atingiu a agricultura, nos países mais avançados, suscitando uma verdadeira "urbanização" do campo. Na medida em que estas mudanças levam ao desaparecimento do campesinato (processo que não parece ter-se completado ainda em país algum), tende a desaparecer também o "campo" como forma distinta de organização da vida social.

Este domínio pode ser político, incluindo-se neste conceito a dominação ideológica. Caem, neste caso, portanto, as cidades que se formam ao redor de um centro religioso. As oferendas dos camponeses asseguram, nestas circunstâncias, a vida da cidade. Ou, então, cria-se uma autêntica interdependência econômica entre campo e cidade. Neste caso, que só se configura como forma *geral* de relacionamento entre campo e cidade a partir da Revolução Industrial, a divisão de trabalho entre campo e cidade se define a partir da dinâmica da economia urbana. É no seu seio que se forjam as inovações técnicas, inclusive as que afetam as atividades típicas do campo, isto é, as agrícolas e as extrativas. Não é demais, portanto, falar de uma dominação do campo pela cidade, dominação esta que se torna mais completa quando ao seu aspecto político se agrega o econômico.

Neste trabalho, pretende-se examinar as transformações ocorridas, no contexto histórico latino-americano, das relações entre campo e cidade. As limitações de tempo e espaço impõem que o exame se faça num nível algo elevado de abstração: pretende-se apenas distinguir algumas transformações típicas que ocorreram em certos lugares em determinados contextos históricos. Não se tentará avaliar em que medida tais transformações foram generalizadas, mas ênfase maior será dada aos mecanismos que as condicionaram.

Da Cidade da Conquista à Cidade Comercial

O sistema econômico implantado pelos europeus no que seria mais tarde a América Latina tinha por objetivo geral a obtenção de um excedente comercializável. Este é que conferia sentido à colonização. A empresa militar e missionária tinha por objetivo mais imediato estabelecer, em terras americanas, um modo de produção capaz de produzir um excedente que pudesse ser apropriado pelas metrópoles e prontamente vendido nos mercados europeus. Para alcançar este objetivo, tornava-se imprescindível reordenar as relações de produção, onde isso fosse factível, ou introduzir novas, onde necessário, de modo a assegurar: a) a produção de um valor maior que o necessário à subsistência dos produtores diretos e b) que os bens que compunham o excedente fossem valores de uso efetivamente demandados na Europa.

A primeira condição impôs soluções diferentes conforme o grau de desenvolvimento das forças produtivas atingido pelas sociedades indígenas. Ali onde este grau era suficientemente elevado, como no México e no Peru, estabeleceram-se relações de produção do tipo servil, que permitiam aos colonizadores extrair um excedente sob a forma de renda-trabalho (a mita) ou sob a forma de renda-produto (a encomenda). Em outras partes, como no Brasil, onde o desenvolvimento das forças produtivas dos indígenas era insuficiente para permitir a produção sistemática de um excedente, parte do solo foi diretamente expropriada, estabelecendo-se nela a grande fazenda açucareira trabalhada por escravos. Desta maneira, criou-se em vários lugares do continente aquilo que seria a marca específica da Economia Colonial: um Setor de Mercado Externo, especializado na produção de mercadorias destinadas ao exterior, dominado pelas metrópoles.

A segunda condição era mais difícil ainda de preencher, devido à limitada capacidade de consumo das economias europeias, em que a grande maioria da população ainda permanecia em comunidades rurais quase autossuficientes. O mais-produto que se extraía destas comunidades, sob a forma de um excedente alimentar, servia para sustentar uma população urbana restrita formada por artesãos e por um grande número de consumidores improdutivos: soldados, funcionários, sacerdotes, comerciantes, dignatários. Os aristocratas vendiam parte de suas rendas em espécie e compravam os produtos dos artesãos, grande parte deles bens de luxo. Dobb[2] chama a atenção para o fato de que, durante a segunda metade do século XVI e pelo menos a primeira do século XVII, houve forte queda dos salários reais, tanto na Inglaterra como na França, Alemanha e Holanda. Dada a grande expansão mercantil na época, da qual a colonização da América foi uma das facetas mais importantes, ele questiona: "Como, em tais circunstâncias, se o consumo real das massas declinou, podia o nível de preços ter subido e permitido que os lucros elevados do período (dependentes essencialmente da margem entre preços e salários monetários, multiplicada pelo movimento das mercadorias) se efetuassem com êxito? Em outras palavras, de onde a procura em expansão?". A resposta é obviamente o

---

[2] DOBB, M. *A Evolução do Capitalismo*. Rio, Zahar, 1965, p. 153.

gasto das camadas ricas, favorecidas pela concentração de renda. "Muitas das indústrias em expansão desse período destinavam-se ao consumo de luxo dos que se achavam em situação melhor."

Não era fácil encontrar, nesta situação, valores de uso em que se pudesse fixar o excedente extraído das colônias, ainda mais que as atividades artesanais, que supriam bens de luxo, eram zelosamente defendidas, por regulamentos corporativos e mercantilistas, da competição externa. Escrevendo sobre a vida urbana na Europa de 1750, Dietz[3] diz: "Os níveis mais elevados de vida, na corte, que atingiram seu apogeu em Versailles, afetaram todos os grupos da população. Eles estavam baseados, em grande medida, no uso de novos produtos de origem colonial, tais como chocolate, chá, café, açúcar, especiarias, madeiras, corantes, tabaco, sedas, tecidos de algodão, joias, mobília fina, porcelana, tapetes orientais, escravos e peles". Não há dúvida de que vários dos artigos mencionados – joias, mobília, sedas, tapetes etc. – eram fruto de trabalho artesanal. Mas é revelador que tais bens vinham da Ásia, onde a penetração europeia, até aquela altura, tinha apenas estabelecido enclaves comerciais, e não da América, onde espanhóis e portugueses assumiram o controle político das sociedades indígenas. No fundo, os artigos asiáticos não eram propriamente coloniais[4], sendo o resultado de um intercâmbio comercial entre economias que trocavam excedentes destinados ao consumo das classes dominantes. Estes artigos provindos da Índia, da China e de outras partes do Extremo Oriente eram fruto de tradições culturais diferentes das europeias, o que se exprimia sob a forma de valores de uso distintos dos produzidos pelo artesanato europeu, com o qual não concorria. Na América, no entanto, o colonizador não encontrou um artesanato igualmente desenvolvido, capaz de produzir va-

---

[3] DIETZ, F. C. *The Industrial Revolution*. New York, Henry Holt & Co., 1927, p.5.
[4] Consideramos artigos coloniais produtos provenientes de Economias Coloniais, cujo Setor de Mercado Externo está inserido numa divisão de trabalho que o torna complementar da economia metropolitana, sem competir com atividades que se desenvolvem nesta. A partir da segunda metade do século XVIII, quando se completa a conquista britânica da Índia, as manufaturas deste país são deliberadamente sufocadas para abrir caminho à penetração dos produtos industriais ingleses. Este fato ilustra bem a lógica econômica da colonização europeia.

lores de uso que despertassem *novas* necessidades de luxo na aristocracia europeia.

Nestas circunstâncias, poucas alternativas permaneciam abertas ao conquistador. Uma delas era a obtenção do excedente comercializável em ouro e prata, metais que já eram largamente utilizados como material monetário, na Europa, gozando por isso de enorme liquidez. Valores em ouro ou prata podiam ser prontamente metamorfoseados em qualquer outro valor de uso existente no mercado. A essa vantagem, já por si decisiva, acrescia o fato de os metais preciosos possuírem elevada densidade de valor, ou seja, o seu valor de troca se fixava em quantidades comparativamente muito reduzidas, em termos de volume e peso, o que reduzia consideravelmente a incidência dos custos de transporte. No mesmo sentido, atuava ainda outra característica dos metais preciosos: sua inalterabilidade no tempo, o que lhes conferia evidente superioridade face a outros bens mais perecíveis. Era, pois, bastante racional o entusiasmo com que espanhóis e portugueses se lançaram à busca de áreas que contivessem depósitos exploráveis de ouro e prata. Os primeiros foram bem-sucedidos, principalmente na Nova Espanha (México) e no Peru, onde organizaram Setores de Mercado Externo quase exclusivamente dedicados à produção daqueles metais. Os portugueses só acabariam descobrindo depósitos auríferos, no Brasil, a partir dos fins do século XVII. Antes disso, organizaram no Nordeste brasileiro a produção de açúcar, em grandes fazendas, à base do braço escravo importado da África. O açúcar era um produto "novo", que substituía o mel na dieta das classes ricas e já tinha sido introduzido no mercado europeu anteriormente pelos portugueses, que dominavam sua técnica de produção.

Por curioso que pareça, durante os dois primeiros séculos de colonização, em toda a América Latina, o Setor de Mercado Externo se manteve extremamente especializado. Quase todo o excedente tomava a forma de ouro, prata e açúcar. As demais exportações foram muito insignificantes. No século XVIII houve uma diversificação algo maior: ao lado daqueles produtos, que mesmo então não perdem a primazia, surgem com certo destaque o cacau (sobretudo na Venezuela), o algodão (principalmente no México e no Nordeste brasileiro), o tabaco (nas Antilhas e no Brasil) e o couro (sobretudo no Prata) nas pautas de exportação. O que importa aqui é que todas estas atividades eram extrativas ou agrícolas, isto é, afetavam diretamente o campo. É verdade que a produção do açúcar requeria atividades manufatureiras, mas estas eram realizadas (devido à alta perecibilidade da cana madura) em engenhos localizados dentro da propriedade agrícola. Deste modo, a conquista e a colonização operam um rearranjo relativamente limitado nas atividades primárias, fazendo surgir em cada região no máximo uma atividade especializada, orientada ao mercado externo. O resto das atividades primárias foi, pelo menos no início da colonização, menos afetado. Extraía-se dele, geralmente por meios tributários, um excedente alimentar, parte do qual se destinava a sustentar os trabalhadores (sempre forçados: servos ou escravos) do Setor de Mercado Externo. Desta maneira, organizou-se um sistema que permitia explorar simultaneamente os trabalhadores engajados no Setor de Mercado Externo e os que permaneciam no Setor de Subsistência. O excedente assim obtido era apropriado em parte pela Coroa, sob a forma de impostos, em parte pelos mercadores que dispunham de posições monopolísticas e, finalmente, pelos sustentáculos da nova ordem colonial: soldados, funcionários, sacerdotes.

Neste sistema, o papel econômico das cidades era essencialmente estéril. Não se havia estabelecido uma verdadeira divisão do trabalho entre campo e cidade. Esta absorvia uma parte do excedente extraído do campo, mas nada lhe fornecia em troca que tivesse valor econômico. Nem por isso deixava a cidade colonial de desempenhar um papel essencial na constituição e, depois, na preservação do sistema colonial. Seu papel consistia fundamentalmente em concentrar e, assim, potenciar a força de persuasão e a força de coerção da metrópole no corpo da sociedade colonial. O instrumento básico da força de persuasão era a Igreja, o da força de coerção, os corpos de tropa e a burocracia civil. Ambos, para serem eficientes, necessitavam de uma base urbana. Como reconhece Gibson[5], "se os espanhóis iriam utilizar a estrutura política sobrevivente da sociedade nativa na manutenção do seu próprio controle, isto teria de presumivelmente ser feito a partir de centros urbanos equivalentes".

---

[5] GIBSON, C. "Spanish-indian institutions and colonial urbanism in New Spain". *In:* HARDOY & SCHAEDEL (eds.). *El proceso de urbanización en América desde sus orígenes hasta nuestros días,* Buenos Aires, Editorial del Instituto, 1969, p. 226.

Em Nova Espanha, tanto quanto no Peru, as sociedades pré-colombianas já estavam organizadas de modo a assegurar uma transferência sistemática de excedente do campo à cidade, sede da classe dominante sacerdotal. Os espanhóis herdaram esta organização e trataram de utilizá-la para seus próprios fins. Estabeleceram para tanto *ciudades de españoles* à ilharga das comunidades indígenas, transformadas em *encomiendas*. No caso específico da Cidade do México, ela foi fundada no sítio da antiga capital asteca Tenochtitlan, com o fito de herdar-lhe as funções. Nas palavras do seu fundador Cortés: "Assim como esta cidade foi antes o senhor e a amante de todas estas províncias, assim o será no futuro". No Brasil, os portugueses não encontraram uma civilização urbana preexistente e, por isso, tiveram menos urgência em organizar a exploração colonial a partir de bases urbanas. Mas quando a ordem escravocrata finalmente deitou raízes e a economia nela baseada prosperou, o problema essencial de manter os escravos jungidos à fazenda passou a requerer forças de repressão concentradas em centros urbanos. A formação de quilombos de escravos fugidos – verdadeiras comunidades autônomas estabelecidas em terras devolutas e oferecendo aos cativos uma alternativa de liberdade – passou a representar uma ameaça cada vez maior à estabilidade do sistema. Houve quilombos em todas as áreas e em todas as épocas em que predominou a escravatura no Brasil. Os maiores se impunham aos poderes locais, assaltavam fazendas e libertavam os cativos, aceitando inclusive índios hostis aos colonos. O maior e o mais célebre dos quilombos – o dos Palmares – durou quase um século e chegou a contar com 20.000 habitantes. A contínua luta contra os quilombos, condição "sine qua non" para a preservação da ordem escravocrata, demandava tropas, que só podiam ser recrutadas, municiadas e provisionadas com recursos concentrados nas cidades. A concentração do excedente na cidade era a única maneira de se reunirem recursos que podiam ser usados para a mobilização de forças capazes de defender o sistema de exploração colonial de ameaças de fora e de dentro[6].

---

[6] "Em todas as partes da Colônia em que surgia a agricultura e a escravidão, logo os quilombos apareciam, enchendo as matas e pondo em sobressalto

Mas a cidade desempenhou um papel estratégico não apenas na manutenção do sistema de exploração, como também na repartição do excedente. A parte da Coroa era coletada por um sistema fiscal de base urbana. O resto era repartido entre os mercadores que dispunham, em geral, de posições monopolistas e a Igreja, que não poucas vezes desempenhava funções de capitalista financeiro. É claro que a apropriação do excedente pelos seus beneficiários "legais" não era, em regra, pacífica. Os vários quinhões eram constantemente ameaçados pela ação de contrabandistas e corsários. Para coibi-la, o excedente de vastas áreas era concentrado em alguns poucos pontos, mais fáceis de fiscalizar e de defender. Daí a importância das duas grandes capitais mineiras – México e Lima – no império hispânico, assim como a transferência da capital do império luso-americano para o Rio, no século XVIII, quando se tornou o único escoadouro permitido do ouro das Gerais.

Deste modo, surge na América um sistema urbano, criado com o objetivo básico de sustentar o sistema de exploração colonial. A cidade da conquista é implantada como ponto fortificado, a partir do qual se irradia o poder colonizador, submetendo as populações indígenas à autoridade política do rei e ideológica da Igreja, expropriando e redistribuindo terras, aniquilando quilombos, reprimindo o contrabando e as incursões de corsários e de forças colonialistas rivais.

Mas, se a rede urbana criada pela conquista se limitava ao desempenho destes papéis, ela se constituiu em pedra angular de um sistema que pouco a pouco passou a desenvolver as forças produtivas, o que não podia deixar de acarretar uma gradual ampliação e diversificação de suas funções. O ponto de partida deste processo foi, provavelmente, a própria expansão dos Setores de Mercado Externo, nos quais se incorporava um volume crescente de trabalhadores, produzindo um excedente cada vez maior. Na segunda metade do século XVII, o monopólio luso-

---

os senhores de terras". MOURA, C. *Rebeliões da Senzala*. São Paulo, Edições Zumbi, 1959, p. 69. Consulte-se o mesmo autor para um amplo relato das lutas dos negros contra a escravidão em todo o Brasil e das formas de repressão utilizadas – entradas, bandeiras e expedições policiais – praticamente sempre por iniciativa dos vice-reis, governadores e câmaras municipais, isto é, do poder sediado em áreas urbanas.

brasileiro no mercado de açúcar se rompe com o surgimento de uma próspera competidora nas Antilhas. Em compensação, o monopólio espanhol na produção de metais preciosos é aniquilado, na primeira metade do século XVIII, pela descoberta de grandes jazidas auríferas no Brasil. Como já foi mencionado antes, a expansão das forças produtivas na Europa a partir do século XVIII abre mercados para novos produtos coloniais, o que permite que áreas, até então intocadas ou relegadas a uma miserável economia de subsistência, pudessem ser incorporadas ao Setor de Mercado Externo.

    É claro que esta contínua expansão do Setor de Mercado Externo teria de repercutir sobre o Setor de Subsistência. De início, desastrosamente: a crescente demanda de mão de obra foi uma das principais causas da terrível mortandade de indígenas, nos dois primeiros séculos de colonização, que em muitas áreas atingiu proporção de hecatombe[7]. O quase extermínio de populações inteiras tinha de levar, forçosamente, a uma regressão das forças produtivas, principalmente ali onde elas tinham atingido maior desenvolvimento: entre os astecas e os incas. Mas, a partir de um ponto consideravelmente mais baixo, as forças produtivas do Setor de Subsistência voltam a crescer. O Setor de Mercado Externo constitui um mercado em forte expansão, que já não pode mais ser sustentado apenas pelo excedente arrancado das comunidades indígenas depauperadas mediante as encomendas. Os portugueses, que nunca puderam contar com um excedente alimentar nativo obtido desta forma, estabeleceram desde o início fazendas de gado no sertão nordestino, capazes de fornecer, mediante a troca comercial, um excedente alimentar aos engenhos açucareiros da costa. No México, os sistemas

---

[7] "... a hecatombe demográfica que os europeus ocidentais desencadearam quando entraram em contato com a população ameríndia e transmitiram doenças epidêmicas – varíola, sarampo, tifo, principalmente varíola – a pessoas não imunizadas. A população só se estabilizou na primeira metade do século XVII. Embora haja ainda relutância em se aceitarem estimativas recentes da população do Mundo Novo por ocasião da conquista, não há dúvida de que o declínio da população ameríndia ao redor de 1600 era espantoso. Alguns sustentam que a razão do despovoamento – a razão da população antes da Conquista em relação à de 1650 – era da magnitude de vinte para um, talvez mais". STEIN, S. J. & B. H. *The Colonial Heritage of Latin America*. Oxford University Press, 1970, p. 65.

da encomenda e do repartimento foram sendo paulatinamente complementados primeiro e substituídos depois pela fazenda colonial, cujos trabalhadores nominalmente livres – os peões – estavam de fato presos à terra mediante a instituição do endividamento perpétuo. O século XVIII – e o século XIX mais ainda – assiste ao contínuo espraiar da fazenda produtora de excedente alimentar e de animais de tração por todas as partes da América Latina: surgem as estâncias de gado no sul do Brasil, nos pampas platinos, nas planícies venezuelanas (*llanos*), assim como na Colômbia, em Cuba etc.

O latifúndio de subsistência expande as forças produtivas agrícolas basicamente porque se destina a produzir um excedente que é vendido, isto é, que lhe volta sob a forma de moeda, valor intercambiável. Sua produção entra num circuito de trocas, o que lhe permite certa especialização. É claro que este desenvolvimento tem limites muito estreitos: as técnicas de produção continuam primitivas, a maior parte do excedente é desperdiçada, em luxos inconcebíveis, pela nova elite de "crioulos" na Europa ou nas cidades principais. No entanto, certo avanço foi inegável. Aguilar Monteverde[8] aduz abundantes elementos que testemunham ter havido progressos sensíveis na agricultura mexicana em fins do século XVIII e começos do seguinte. Donghi[9] oferece indícios de que desenvolvimento análogo ocorria no Chile, na serra do norte peruano e em outras áreas periféricas à migração.

Comparando-se a fazenda[10] com a comunidade indígena, ressalta a superioridade da primeira quanto à produção de excedente. A comunidade só o produz na medida em que os tributos

---

[8] AGUILAR MONTEVERDE, A. *A Dialectica de la Economía Mejicana*. Mejico, Editorial Nuestro Tiempo, 1968, pp. 46-50.
[9] DONGHI, T. H. *História Contemporânea de América Latina*. Madrid, Alianza Editorial, 1969, pp. 26-37.
[10] Distinguimos conceitualmente a "fazenda" da "plantação", sendo a primeira voltada sobretudo à produção de um excedente agrícola comercializável no mercado interno, ao passo que a segunda se dedica à produção de produtos destinados ao mercado externo. Em ambas havia produção para autoconsumo dos seus moradores, mas esta, em geral, é mais importante na fazenda, de culturas mais variadas e onde os mesmos produtos (basicamente alimentos e animais de tração) são tanto usados ou consumidos dentro dela como vendidos fora, enquanto na plantação a produção destinada à venda é fortemente especializada (monocultura), e apenas fatores residuais – terras e braços – são empregados na produção de bens para o autoconsumo.

o requerem. A fazenda, pelo contrário, é dirigida por interesses que tudo empreendem – operações em maior escala, redução, ao mínimo, do consumo do trabalhador – para lograr a maximização do excedente. O surgimento da fazenda pode ser considerado, pois, como o início de um processo de profunda reorganização das forças produtivas no Setor de Subsistência latino-americano.

A principal consequência desta reorganização, para a vida urbana, é que o excedente alimentar produzido pela economia de subsistência vai animar agora uma vida comercial cada vez mais ampla, de um lado, pela comercialização do próprio excedente alimentar, e, do outro, devido aos gastos da classe senhorial em todo tipo de bens de luxo, geralmente importados. Esta classe senhorial, composta tanto por plantadores e por mineradores, que produzem para o mercado externo, como por fazendeiros, que produzem para o mercado interno, retém uma parcela ponderável do excedente colonial que é gasta, em sua maior parte, dentro da colônia. Esta passa a absorver um volume cada vez maior de mercadorias importadas da Europa, a ponto de as reformas, que estabelecem o livre comércio, em 1778-1782, entre a Espanha e suas colônias americanas, implicarem o reconhecimento de que "o tesouro metálico não era o único aporte possível das colônias à metrópole", sendo igualmente importantes "as possibilidades das colônias como mercado consumidor"[11].

Começa a surgir, nas cidades, uma nova classe de comerciantes, financistas (usurários), transportadores. A função comercial da cidade ganha cada vez mais importância. Em lugar de constituírem apenas pontos obrigatórios de passagem das mercadorias exportadas e importadas, várias cidades passam a ser centros importantes de redistribuição de mercadorias entre diferentes regiões da mesma colônia. Com o advento de maior liberdade de comércio, outorgada pela Espanha em fins do século XVIII e paulatinamente cedida por Portugal, incapaz de resistir às pressões inglesas, uma classe de comerciantes adventícios adquire peso crescente na sociedade colonial. Sendo esta uma classe urbana, o predomínio da cidade sobre o campo se acentua. Na medida em que algumas cidades enriquecem, as comodidades e

---

[11] DONGHI, T. H. *Op. cit.*, p. 18.

o brilho da vida urbana atraem grandes proprietários fundiários, que passam a residir nelas, gastando em serviços urbanos parcelas crescentes de sua renda. A cidade se torna, enfim, o fulcro da vida política colonial e o berço dos movimentos que deflagram a luta pela independência, no primeiro quartel do século XIX. São certos interesses comerciais urbanos, afrontados pelas tentativas de recolonização após o fim da ocupação napoleônica da metrópole, os que se levantam, coligados à classe latifundiária crioula, em primeiro lugar em Buenos Aires, Caracas, Santiago e Bogotá, contra as autoridades metropolitanas[12].

É claro que, na América Espanhola, a longa e sangrenta série de lutas, que acabam resultando não só na independência, mas também na fragmentação do continente em numerosas nações, acabam por mobilizar as massas rurais, muito mais importantes numericamente e que imprimem à luta seu selo específico. Não cabe, nos limites deste trabalho, entrar na análise de todos estes episódios, de importância decisiva para a configuração da América Latina hodierna. Basta ressaltar que, ao fim de todas as peripécias políticas e militares, surge na América Latina um certo número de nações, cada uma das quais organizada ao redor de um importante núcleo urbano: Argentina em função de Buenos Aires, Chile em função de Santiago, Venezuela em função de Caracas etc. Seria monótono multiplicar os exemplos. Interessa antes perguntar: poderia ter sido diferente? Possivelmente sim. As forças centrífugas que arruinaram o plano de Bolívar de manter politicamente unificada a região andina poderiam ter levado a subdivisões ainda mais extremas. Do mesmo modo, o antagonismo entre Buenos Aires e as províncias platinas do interior poderia ter desmembrado ainda mais o antigo vice-reinado do Rio da Prata, do qual acabaram se destacando apenas a Bolívia, o Paraguai e o Uruguai.

Talvez o exemplo mais elucidativo do processo seja o Brasil, país demasiado vasto para ter surgido simplesmente da polariza-

---

[12] Ao que parece, os comerciantes reinóis, ligados aos antigos privilégios monopolísticos, favoreciam o retorno ao estatuto colonial. A eles se opunham, no entanto, os novos interesses comerciais que se desenvolveram sob a vigência *de jure* ou *de fato* do livre câmbio e principalmente os latifúndios crioulos, que desejavam a redução do ônus da intermediação. Dentro das cidades, a coligação que lutava pelo livre câmbio e, portanto, pela independência era hegemônica.

ção de um único centro urbano. Na verdade, a unidade política brasileira era pouco mais que formal nas primeiras décadas de sua vida nacional independente. Importantes movimentos secessionistas estalaram no Nordeste (1824) e no Sul (1835-1848), além de outros menores. O seu fracasso se deve fundamentalmente à capacidade do governo central de impor sua autoridade por meios militares, cuja base econômica era constituída pela centralização, herdada da colônia, de uma grande parte do excedente na capital. Não fosse a preeminência comercial e financeira do Rio o governo central não teria tido recursos para armar e aprovisionar sucessivos exércitos, que acabaram por esmagar, uma por uma, as insurreições locais. Talvez não seja exagero dizer que foram as rendas derivadas das crescentes exportações de café o fator decisivo que permitiu à unidade nacional sobreviver à prolongada Guerra dos Farrapos[13].

Não temos dados que permitam validar ou invalidar a generalização do processo brasileiro ao resto da América Latina. Mas, num plano bem geral, é verdade que (após conquistada a independência) em todas as partes as forças centralistas, de base urbana, acabaram triunfando sobre as forças autonomistas ou federalistas, de base rural. Este triunfo era, afinal, uma condição necessária ao estabelecimento da soberania nacional sobre vastas áreas esparsamente povoadas e muito integradas economicamente. Comparando-se a América Latina de há 150 anos com a África recém-descolonizada, o que impressiona é o fato de o processo de fragmentação nacional não ter sido levado aqui muito mais longe. A resposta se encontra na capacidade aglutinadora de determinadas cidades-chaves, que, ao adquirir preeminência comercial sobre amplas áreas rurais, não puderam ou

---

[13] "O *boom* do café, a expiração do acordo tarifário com a Inglaterra (1844) e, mais tarde, o término do tráfico de escravos (1850) contribuíram para o financiamento das vitórias domésticas e estrangeiras de Caxias..." CAMPOS, P. M. "O exército e o império". *In:* O *Brasil Monárquico,* tomo II, vol. 4º de *História Geral da Civilização Brasileira,* São Paulo, Difusão Europeia do Livro, 1971, p. 245. O mesmo autor mostra como a "revitalização" do Exército, a partir de 1837, com o aumento dos seus efetivos de 6.000 para 15.000 homens em tempo de paz e para 18.000 homens em guerra, permitiu as vitórias de Caxias sobre a Balaiada, no Maranhão (em 1840), sobre as revoltas em São Paulo e Minas (em 1842), e finalmente sobre a Farroupilha, no Rio Grande do Sul, em 1845 (pp. 244-5).

não quiseram mais ser elos de transmissão de um sistema de dominação externo, passando aparentemente a incorporar em si *todas* as funções de dominação, a de exploração imediata do campo e a mais elevada, de cúpula de todo o sistema. Deste modo, o caráter cada vez mais comercial, que certas cidades vinham adquirindo na América Latina, entrava em contradição com o seu caráter de cidade da conquista, isto é, de prolongamento instrumental de um poder metropolitano que se tornava cada vez mais externo até ficar estrangeiro. Esta contradição era inevitável e estava fadada a eclodir mais cedo ou mais tarde: à cidade da conquista cabia exportar sem contrapartida o máximo possível do excedente colonial, ao passo que à cidade comercial convinha vendê-lo pelo melhor preço, maximizando o retorno. Desta maneira, a cidade comercial se fez porta-voz de todos os interesses que almejavam transformar o excedente comercializável em excedente *comercial* e, em aliança com eles, enfrentou e venceu a cidade da conquista.

Da Cidade Comercial à Cidade Industrial

O triunfo das forças urbanas e centralistas não apenas assegurou a formação de um certo número de nações de amplo território na América Latina; ele também assegurou a manutenção, em seus traços essenciais, do sistema de exploração colonial do campo não tanto "pela" como "mediante" a cidade. Como ninguém ignora, a independência não significou, de imediato, para as novas nações muito mais que uma troca de metrópoles, sendo Espanha e Portugal substituídas pela Inglaterra. A cidade, embora sede agora de um poder nacional, continuou, no plano econômico, desempenhando suas antigas funções: sustentáculo da ordem e canal de intermediação comercial e financeira pelo qual passava o mesmo tipo, em geral, de excedente de produtos agrícolas e extrativos. A contrapartida tornava-se algo maior, já que a parcela tributada do excedente permanecia dentro das fronteiras nacionais, principalmente na própria cidade, onde aparece uma nova burocracia estatal.

No fundo, o caráter parasitário da cidade, após a independência, se acentuou. No período colonial, a capacidade de importar da colônia era severamente limitada pelo fato de que boa parte da renda excedente era apropriada pela metrópole. Esta limitação tinha por efeito reservar o mercado interno da colônia para as manufaturas locais, parte das quais acabou se instalando e, dentro de certos limites, prosperando na cidade. Poder-se-ia dizer, portanto, que a cidade colonial tinha adquirido, pouco antes da independência, um caráter artesanal de certa significação, embora secundário em relação às suas funções políticas e comerciais. A independência, por si mesma, não alterou esta situação. Antes pelo contrário, as longas lutas acabaram por desorganizar, em certa medida, o Setor de Mercado Externo, ocasionando certa contração das exportações até meados do século XIX, o que deve ter estimulado a produção artesanal. Donghi (*op. cit.*) atribui este fato a fatores externos, à falta de capitais europeus ou à falta de interesse deles em se dedicar à reabilitação das economias de exportação latino-americanas. Parece mais provável que o ambiente de incerteza política, que caracteriza as primeiras décadas de vida nacional independente na maioria dos países do continente, tenha contribuído decisivamente para retardar a retomada e expansão das atividades exportadoras. Seja como for, na segunda metade do século passado, o Setor de Mercado Externo passa a crescer a ritmos inéditos em várias partes da América Latina. A revolução industrial, que já se encontra então bem avançada no ocidente europeu e nos Estados Unidos, cria condições para uma vasta ofensiva comercial e financeira das novas potências industriais, em cuja vanguarda se encontra a Grã-Bretanha e que vai atingir de modo intenso o continente. Na Argentina surge, pela primeira vez, um vigoroso Setor de Mercado Externo baseado na exportação de carne e cereais. No Brasil, se expandem simultaneamente, em áreas diferentes, culturas de café e de cacau e a extração da borracha. O café, o cacau, o algodão e o açúcar vão ser a base para o estabelecimento de importantes Setores de Mercado Externo no México, nas Antilhas, na Venezuela, na Colômbia etc. Algo mais tarde, a exploração de novos minérios valorizados pelo progresso tecnológico – petróleo, cobre, estanho etc. – terá o mesmo efeito.

Tudo isso vai levar a uma imensa ampliação da capacidade de importar, que agora não é mais taxada por tributos arrecadados pelas metrópoles europeias. O seu resultado é uma substituição de importações às avessas: bens industriais importados substituem nos mercados locais os produtos do artesanato, que tende a se arruinar. A cidade comercial revela então o seu caráter fundamentalmente colonial. Ela utiliza sua hegemonia política sobre o campo para impor a liberdade de trocas, que favorece seus ganhos de intermediação às custas da manufatura nativa[14]. A partir da cidade começam a ser construídos sistemas de transporte que servem, de um lado, à penetração das atividades de exportação em novas áreas e, do outro, à solidificação da unidade política nacional. Por estes sistemas penetram também as mercadorias estrangeiras, cujo triunfo nos mercados do interior é assegurado pela redução nos custos do transporte.

As linhas de crescimento colonial, que dão as características básicas da implantação urbana na América Latina, se mantêm e, de certo modo, se acentuam. A extração de excedente alimentar do campo, destinado à manutenção dos que trabalham no Setor de Mercado Externo e dos que vivem na cidade, é continuamente aperfeiçoada pela expansão do latifúndio, em terras virgens (como no Brasil), ou às custas das comunidades indígenas (como no México e no Peru). Amplia-se o número de peões, sujeitos à servidão da dívida, embora surjam também, em áreas limitadas, camponeses de origem europeia, cuja economia é relativamente menos aberta que a do latifúndio. A cidade se

---

[14] O triunfo do livre-cambismo na maioria dos países latino-americanos poderia ser interpretado também como resultado da hegemonia dos interesses "agrários" em relação aos "industriais", o que configuraria uma situação de hegemonia do campo em relação à cidade. Para não cair numa disputa apenas terminológica, é preciso ressaltar que o grupo vitorioso nas lutas que se travaram, durante a primeira metade do século passado, ao redor do caráter que as novas sociedades nacionais teriam, foi o dos latifundiários do Setor de Mercado Externo, que se tornaram a nova classe dominante. Os fazendeiros (ligados ao Setor de Subsistência e produziam excedentes para o mercado interno) foram associados ao exercício do poder, mas num papel secundário. Consulte-se, a este respeito, CARDOSO, F. H. & FALETTO, E. *Dependência e Desenvolvimento na América Latina*. Rio, Zahar, 1970, cap. III. Na maior parte do continente, os plantadores e mineradores exploravam o campo, mas integravam uma constelação de interesses políticos, comerciais e financeiros de inegável extração urbana (a "oligarquia"). Não havendo indústria moderna, tampouco poderia haver uma burguesia industrial urbana. As manufaturas existentes se localizavam principalmente nas áreas de mais difícil acesso às mercadorias importadas, isto é, no interior de cada país, no que poderia chamar genericamente de "campo". O artesanato urbano existente era muito fraco para poder enfrentar, sozinho, a coligação latifundiário-comercial, a não ser apoiado em forças rebeldes rurais. Mesmo quando isso se deu, no entanto, acabou vencido.

apropria agora de uma parcela ponderável de um excedente cada vez maior. Ela cresce de forma contraditória. Vêm ter a ela todos os que possuem rendas elevadas para gastar, inclusive agentes comerciais e financeiros do capitalismo europeu e norte-americano. Mas ela atrai também uma massa de migrantes do campo, inicialmente do campo europeu no qual a penetração do capitalismo dissolve antigas relações de produção e libera força de trabalho. Bem mais tarde, já em pleno século atual, a difusão de normas sanitárias modernas reduz a mortalidade também nas áreas rurais latino-americanas, ocasionando um fluxo de migração à cidade que se acentua com o tempo. Surge, portanto, na cidade um proletariado precariamente ocupado em serviços, mas que terá importância como elemento constituinte de um mercado interno para produtos industriais.

Os florescimentos da economia colonial na América Latina independente é menos paradoxal do que parece. Compreende-se isso quando se considera que o movimento pela emancipação política não trouxe consigo qualquer mudança na relação de força entre as classes. As promessas de libertação dos escravos e divisão dos latifúndios não foram cumpridas nem poderiam sê-lo, pois as classes que delas ter-se-iam beneficiado não tinham capacidade de organizar um poder nacional. Peões, escravos, índios viviam em comunidades isoladas e seu particularismo local os tornava politicamente impotentes, a não ser quando organizados por interesses urbanos, que naturalmente os utilizavam para seus próprios fins[15]. Deste modo, não houve uma Revolução Latino-Americana, e os tipos de estrutura de dominação que se consolidaram após a independência só poderiam promover o crescimento da economia em moldes coloniais.

A crise da economia colonial tem seu início a partir do exterior, sendo um reflexo da crise geral pela qual passa o capitalismo, em escala mundial, a partir de 1914. Já antes, crises de

---

[15] Bolívar, principalmente, mobilizou boa parte dos seus contingentes em camadas rurais que se opunham ao sistema de exploração colonial. Mas, uma vez obtida a independência, a "oligarquia" pouco a pouco estabeleceu sua hegemonia, contando para tanto com ajuda exterior em certas ocasiões e sobretudo graças ao fato de ser o único grupo cujos interesses ultrapassavam as fronteiras locais. No filme "Queimada" esta contradição está muito bem expressa.

conjuntura tinham periodicamente reduzido a capacidade de importar dos países latino-americanos, com consequências diametralmente opostas no campo e na cidade. No campo, a redução da disponibilidade de mercadorias estrangeiras levava a um ressurgir precário do artesanato, em condições muito primitivas, como se pode observar no interior do Nordeste brasileiro a partir da decadência da economia açucareira. Na cidade, o mesmo fato dá lugar a surtos mais ou menos efêmeros de industrialização por substituição de importações. Tais surtos regridem quando à depressão se segue novamente um "boom" de exportações, mas deixam vestígios. Certas atividades industriais lançam raízes na economia urbana, beneficiando-se da proximidade do mercado e do baixo custo da mão de obra. É de se assinalar que o próprio desenvolvimento urbano proporciona importantes economias externas a esta indústria de ocasião: energia elétrica, transporte, finanças. Consolidam-se, desta forma, interesses industriais em algumas das grandes cidades do continente. Há casos em que tais interesses são já suficientemente poderosos para impor entraves à liberdade de trocas, protegendo suas posições no mercado interno. Com a crise geral, que a Primeira Guerra Mundial representou para o comércio mundial, estas tendências se acentuaram produzindo, no após-guerra, uma fratura no consenso político urbano dos países que experimentaram certa industrialização enquanto durou o conflito: à oligarquia comercial-latifundiária se passou a opor uma nascente burguesia industrial.

Neste ponto, a possibilidade de generalizar para o conjunto da América Latina, mesmo em elevado nível de abstração, deixa de existir. O continente passa por uma diferenciação crescente: em alguns países, a burguesia industrial conquista a hegemonia e inaugura uma era de desenvolvimento industrial; em outros, a oligarquia retém o seu domínio e a economia colonial permanece em suas linhas essenciais; em Cuba, finalmente, burguesia e oligarquia são derrubadas por uma revolução que inaugurou, em solo americano, uma experiência inédita.

É interessante analisar a relação entre o grau de desenvolvimento urbano, atingido pelos diversos países latino-americanos, e o início do seu processo de industrialização. Como se viu, a cidade, nesta altura (1914-1930), é basicamente anti-industrial. Ela é o bastião dos interesses oligárquicos, que favorecem a integração crescente do país na divisão internacional do trabalho, como produtor especializado de produtos primários. Mas, nem por isso, deixa a cidade de ser também o grande mercado interno de produtos industriais, em geral importados. Quando se manifesta a escassez destes produtos, por crises induzidas do exterior, a população urbana não tem como ressuscitar formas mortas de produção artesanal, processo que no campo torna-se viável porque nele o artesanato nunca foi inteiramente exterminado, mantendo ainda certa clientela entre as camadas mais pobres da população. Os padrões de consumo do mercador da cidade, no entanto, não podem mais ser atendidos por produtos artesanais (como a vida urbana moderna já é um produto da industrialização, ela requer bens industriais: energia elétrica, transporte motorizado, utensílios domésticos etc.).

Nestas condições, a substituição de importações torna-se quase inevitável, *desde que* o mercado constituído pela população urbana seja suficientemente amplo para justificar a instalação de unidades fabris modernas. De modo que o início da industrialização e principalmente o seu prosseguimento além do estágio de substituição de bens de consumo não duráveis dependem do grau de desenvolvimento urbano anteriormente alcançado. As raízes do processo se encontram, portanto, no passado colonial, na capacidade que a cidade comercial teve, no início do século XIX, de organizar politicamente uma maior ou menor área territorial e, com o tempo, de torná-la uma nação. Pois não há dúvida de que o tamanho da economia urbana de cada país latino-americano era basicamente em função do tamanho do seu território e de sua população. Assim, no período que foi o decisivo para a industrialização na maior parte destes países, entre a Primeira e a Segunda Guerra Mundial, os maiores mercados urbanos se situavam também nos países de maior território e população: Argentina, Brasil e México.

Em alguns dos países médios, como o Chile e a Colômbia, por exemplo, mercados urbanos algo menores, mas ainda assim ponderáveis, puderam servir mais cedo de base ao processo de industrialização mediante a substituição de importações. Nestes países, no entanto, a industrialização foi mais precária, sofrendo severas limitações devido à estreiteza do mercado interno. Em outros países, de base urbana "grosso modo" equivalente, a industrialização começou muito mais tardiamente, como no caso da Venezuela, do Peru e de Cuba. Os países pequenos, não por acaso, se mostraram impotentes para sustentar um processo sistemático de substituições de importações[16].

Sendo a indústria uma atividade eminentemente urbana, o seu aparecimento e expansão tornam a cidade latino-americana, pela primeira vez desde a conquista, produtiva. No seu intercâmbio com o campo, a cidade pôde finalmente oferecer uma contrapartida econômica em troca do excedente alimentar. Só a partir de então se estabelece uma verdadeira divisão de trabalho entre cidade e campo. Mas esta divisão estava fundamentalmente viciada pelas relações de exploração preexistentes. Os mecanismos pelos quais a cidade extraía o excedente alimentar do campo, sob a forma de tributos, remuneração por serviços de intermediação (lucros comerciais e juros) e renda da terra, mecanismos herdados do período colonial e aperfeiçoados após a independência, não foram abolidos de uma vez pela industrialização. Desta maneira, a contrapartida de produtos industriais oferecidos pela cidade em troca do excedente alimentar obtido do campo tendia a ser muito pequena, basicamente devido ao reduzido poder aquisitivo da população rural. Só num estágio mais avançado de industrialização, quando a cidade cresce a taxas muito elevadas, expandindo aceleradamente sua demanda por alimentos e matérias-primas agrícolas ou extrativas, é que as velhas formas de exploração do campo são parcialmente abandonadas, surgindo nas áreas de melhor acesso ao mercado urbano uma agricultura capitalista, cujos produtos alcançam preços que cobrem seus custos e proporcionam ao capital taxas adequadas de lucros.

É por isso que, durante um amplo período (que no Brasil, por exemplo, ainda não está encerrado), a industrialização se faz à margem do campo, isto é, sem que o mercado representado pela população rural e o das pequenas cidades desempenhem qualquer papel decisivo. Num país de grande território irregularmente povoado como o Brasil, a unificação do mercado interno significa praticamente apenas a interligação do principal polo

---

[16] A recente instituição de mercados comuns na América Latina, principalmente o Centro-Americano e o Bloco Andino, constitui uma "correção" *a posteriori* do mapa político do continente, no qual as nações médias e pequenas apresentam reduzida viabilidade industrial.

industrial (São Paulo) com as capitais regionais mais importantes: Rio de Janeiro, Porto Alegre, Recife, Salvador, Belo Horizonte.

No fundo, a manutenção dos velhos mecanismos de exploração e de transferência do excedente, do campo à cidade, resultou do fato de que a industrialização na maioria dos países latino-americanos não resultou de uma transformação revolucionária da antiga estrutura de dominação, mas de uma acomodação da mesma. À oligarquia foi permitido reter a propriedade do solo e as formas de exploração semisservil da mão de obra. O latifúndio se manteve como forma fundamental de organização produtiva no Setor de Subsistência. Mesmo no México, onde a Revolução desencadeou, embora com atraso, uma ampla reforma agrária, as velhas relações de produção ainda persistem no campo, embora atenuadas, e o latifúndio se manteve ou se reconstituiu em muitas áreas. O fato fundamental é que a pobreza do homem do campo não foi tocada, apesar da industrialização, em nenhum país da América Latina, com a notável exceção de Cuba, o único país onde as relações entre campo e cidade sofreram mudanças fundamentais.

O desenvolvimento capitalista traz em si um viés notável a favor da cidade em prejuízo do campo. Este vai sendo paulatinamente despojado de uma atividade produtiva após a outra, até que nele restem unicamente as atividades primárias. Cada ramo que assim se desprende da agricultura reaparece na cidade tecnologicamente revolucionado: indústria, comércio, finanças etc. A esta migração de atividades se segue (embora nem sempre no mesmo ritmo) a migração da mão de obra que leva, finalmente, ao esvaziamento demográfico do campo, criando assim as condições para um desenvolvimento igualmente revolucionário das forças produtivas na agricultura. O desenvolvimento capitalista na América Latina, considerando-se apenas os países que efetivamente nele se lançaram entre as duas Guerras Mundiais, circunscreveu-se à cidade durante um longo período, sem provocar mudanças concomitantes no campo. O caráter fechado da fazenda de subsistência retardou o desprendimento das atividades manufatureiras da agricultura, obstaculizando ao mesmo tempo a migração dos trabalhadores. Criou-se, desse modo, um fosso ainda mais fundo entre campo e cidade, cuja industrialização prescindia do mercado rural para seus produtos, dado o insignificante poder aquisitivo dos seus habitantes.

Como esta incapacidade aquisitiva do homem do campo resultava de relações de produção semisservis, impostas a partir da cidade, sua manutenção encontrava na hegemonia política da cidade um importante ponto de apoio. Dentro da cidade, a hegemonia das classes proprietárias dependia, muitas vezes, de sua aliança com a oligarquia ou grupos da mesma. Esta aliança, reforçada por laços econômicos entre os dois grupos, tendia a ser mais efetiva que a que poderia unir trabalhadores do campo e da cidade.

É isto o que mostra a análise histórica. A transformação da cidade da conquista em cidade comercial se faz mediante uma superação dialética, em que a característica básica da primeira – exploração do campo mediante seu domínio político – ficou preservada ("aufgehoben") na segunda. Da mesma forma, quando a cidade comercial se transforma em cidade industrial, a mesma superação-preservação ("aufhebung") tem lugar.

Resta acrescentar que a limitação do processo de desenvolvimento ao âmbito urbano mais cedo ou mais tarde acaba por entravar o seu prosseguimento. É evidente que, em muitos países do continente atual, o latifúndio não consegue mais reter a mão de obra no campo. As imensas vagas de imigrantes que chegam à cidade quebram o equilíbrio estático das relações entre campo e cidade. O tumultuoso crescimento da população urbana coloca, mais cedo ou mais tarde, a necessidade de que as técnicas de produção agrícola sejam revolucionadas. Nestas condições, as formas tradicionais de exploração no campo começam a se tornar inviáveis, o que leva a crer que nos encontramos face a uma nova etapa nas relações entre campo e cidade na América Latina.

URBANIZAÇÃO E DESENVOLVIMENTO: O CASO DE SÃO PAULO

Introdução

Pretende-se neste trabalho analisar o papel da urbanização no processo de desenvolvimento capitalista de países que iniciaram sua industrialização com grande atraso. A análise explora fundamentalmente a função das grandes cidades ou metrópoles no processo de formação do exército industrial de reserva, à luz da experiência recente de São Paulo (Brasil). É claro que não se pretende generalizar as características da evolução da metrópole paulistana para todas as cidades dos países que passam hoje em dia pelo desenvolvimento. Antes pelo contrário, o papel de São Paulo no Brasil (assim como o de alguns grandes centros urbanos em outros países: Buenos Aires, Santiago, Cidade do México, Caracas etc.) é antes "oposto" ao das cidades restantes do país; na medida em que a acumulação do capital tende a se concentrar em uma ou poucas áreas urbanas, São Paulo é uma destas áreas onde se concentra o capital, esvaziando economicamente as outras regiões e, naturalmente, também as cidades nelas contidas. Apesar da sua "excepcionalidade", no entanto, São Paulo é um foco bastante adequado de análise, na medida em que oferece uma visão esclarecedora do processo de acumulação no plano nacional.

O crescimento acelerado das metrópoles em países não desenvolvidos acentuou e tornou mais perceptível uma série de desequilíbrios, principalmente entre procura e oferta de habitações e serviços urbanos, que compõem uma problemática urbana específica. A percepção desta problemática e do rápido crescimento da população "marginalizada" nos grandes centros suscitou abundantes apreciações críticas da urbanização nos países não desenvolvidos, boa parte das quais se voltam contra o processo como tal, revelando-se, no fundo, como uma crítica antiurbana. A análise que se segue se dirige contra este tipo de crítica, sem negar a gravidade da problemática urbana e suas consequências para a população que a sofre, devido à sua incapacidade de inserir a urbanização no contexto de um desenvolvimento que se processa contraditoriamente. O caráter reacionário do tipo de análise que parte do conceito de "explosão urbana" torna-se mais evidente, quando se verifica que ela é coirmã das correntes que deblateram contra a "explosão demográfica" e contra a industrialização que, por usar técnicas avançadas, emprega "pouca" mão de obra. Este tipo de crítica do desenvolvimento capitalista, em lugar de apontar suas contradições, volta-se contra as consequências da transformação estrutural, condenando-a por seu ritmo "excessivo". As opções que tal crítica explícita ou implicitamente propõe – controle da urbanização, controle da população, industrialização com técnicas menos avançadas ("intermediárias") voltada para fora – são utópicas e tendem a desviar a atenção da verdadeira problemática do desenvolvimento.

A Crítica Antiurbana

Um prefeito (nomeado) de São Paulo adquiriu notoriedade ao declarar, pouco depois de ser empossado no cargo, que a cidade precisava *parar de crescer*, pois do contrário ela poderia sucumbir sob o peso dos problemas gerados pela sua expansão demasiado rápida. A declaração do alcaide contrasta com o "slogan" anteriormente prevalecente: "São Paulo não pode parar", que evidenciava quanto o paulistano se orgulhava do dinamismo de sua metrópole.

A posição do prefeito coincide, de maneira geral, com o temor manifestado por numerosos analistas da problemática urbana perante o gigantismo das metrópoles modernas, particularmente nos países não desenvolvidos[1]. A tese da superurbanização dos países que recém se industrializam encontra no caso de São Paulo uma ilustração bem expressiva. Em 1940, a mancha urbana contínua não ocupava todo o território da capital, contendo 1.326.261 habitantes. Apenas 30 anos depois ela se estendia por 37 municípios reunindo em seu interior 8.106.250 habitantes. Durante este período a população cresceu a taxas anuais médias de 5,5 a 6%, dobrando a cada 12 anos.

Afinal, o que se objeta a este fulminante crescimento urbano? Obviamente, o contínuo agravamento da problemática urbana: escassez de habitações levando à expressão de cortiços e favelas, saturação das vias de tráfego, insuficiência dos serviços urbanos básicos como o abastecimento de água encanada e de esgotos, que atendem proporções cada vez menores da população total, falta de telefones, de vagas nas escolas, de leitos hospitalares etc. Admite-se também um aumento contínuo do desemprego, da delinquência, da incidência de moléstias mentais, da poluição do meio ambiente.

Do ponto de vista econômico, os críticos da urbanização encaram a migração às cidades como um processo de transformação de trabalhadores agrícolas produtivos em "biscateiros", engraxates e vagabundos. Do ponto de vista social, estes mesmos críticos apontam o desenraizamento de integrantes de comunidades rurais, que se tornam "marginais" na sociedade metropolitana.

Ao redor desta crítica da urbanização, que se compraz muitas vezes com o temor suscitado pelos grandes números (São Paulo deverá atingir 20 milhões de habitantes antes do fim do século!), criam-se os quiproquós mais engraçados. A direita, defensora do "status quo", atribui todos os males aos fenômenos demográficos – o crescimento excessivo da população e sua migração maciça às metrópoles –, e chega-se assim à

---

[1] Uma boa bibliografia a respeito do assunto foi elaborada por Richard Morse ("Trends and Issues in Latin American Urban Research, 1965-1970". *In: Latin American Research Review,* vol. IV, n°s 1 e 2, Primavera e Verão de 1971), que divide os autores que procuram uma terapia para "uma terciarização real ou imaginária em aqueles preocupados com políticas (subdivididos em os que torcem as mãos – 'handwringers' – e os pensadores positivos) e os que estão mais interessados em identificar configurações duradouras da sociedade em vez de inventar panaceias para corrigir o caso latino-americano de acordo com a experiência do Ocidente". A crítica antiurbana é apresentada sobretudo pelos "handwringers".

conhecida moral malthusiana segundo a qual os pobres são os principais responsáveis, devido ao seu comportamento reprodutivo e migratório, pelo agravamento de seus infortúnios. A esquerda, que encampa como evidentes as constatações da crítica antiurbana, procura atribuir à anarquia de produção, própria do capitalismo, o crescimento desmesurado das grandes cidades[2]. Desta maneira, ninguém parece se dar conta do fundo do problema: é o gigantismo das metrópoles, nos países não desenvolvidos, a causa principal do agravamento de seus problemas? Afinal, *não* é evidente por si mesmo que, se a população de São Paulo, por exemplo, fosse menor e, portanto, se as necessidades de empregos e de serviços de toda ordem também fossem menores, a atual disponibilidade de empregos e de serviços seria a mesma. Em outros termos, a crítica da urbanização tem por pressuposto básico que não há uma relação necessária entre o crescimento da população e a expansão da economia da metrópole[3].

---

[2] Um bom exemplo do ponto de vista mais conservador é exposto por Victor Urquidi ("The Underdeveloped City". *In*: R. Eells e C. Walton (ed.). *Man in the City of the Future,* The MacMillan Co., London, 1968), que desenvolve a tese de que "a urbanização em países menos desenvolvidos é necessária para o desenvolvimento moderno, mas está assumindo alguns dos piores aspectos do crescimento das cidades nas nações industriais e está sendo agravada pela mudança social sem precedentes, decorrente das elevadas taxas de crescimento da população e dos maciços movimentos de gente das áreas rurais às urbanas" (p. 75). Um exemplo de crítica antiurbana de esquerda é oferecido por Manuel Castells ("L'Urbanization Dépendente en Amérique Latine". *In*: *Espaces et Sociétés,* nº 3, jul. 1971). Castells caracteriza a urbanização da América Latina como sendo de aceleração crescente, constituindo grandes concentrações de população sem desenvolvimento equivalente da capacidade produtiva, a partir do êxodo rural e sem assimilar os migrantes no sistema econômico urbano, com a formação de uma rede urbana truncada e desarticulada. Segundo Castells, os males urbanos do continente provêm todos da dependência do capitalismo internacional: "De outra parte, na medida em que há desintegração nacional do sistema produtivo, é lógico que a rede urbana seja desarticulada e truncada. Mas a sua desarticulação não é mais que o resultado de uma articulação da estrutura social, formada tanto pela sociedade dominante como pela sociedade dependente" (p. 21). Neste nível de abstração, a dependência pode ser responsabilizada pelo que se queira.
[3] O raciocínio é, no fundo, semelhante ao do neomalthusianismo: o desemprego (real ou suposto) resulta de um excedente de população em relação ao capital acumulado, de onde se segue que se houvesse menos população não haveria desemprego. População e economia são vistas como evoluindo sepa-

A Urbanização como Processo de Mobilização do Exército Industrial de Reserva

Uma das características básicas da economia colonial que prevalecia no Brasil (assim como em outros países latino-americanos) era um colossal desperdício de força de trabalho conjugado com uma permanente escassez de mão de obra na parte da economia integrada no mercado mundial, isto é, no Setor de Mercado Externo. Quando, em meados do século XIX, começou a crescer a exportação de café brasileiro, a maior parte da população estava dispersa em pequenas unidades de economia de subsistência ou encerrada nos decadentes engenhos açucareiros do Nordeste ou nas estâncias de gado do Sul. As fazendas de café eram trabalhadas por escravos importados da África e, quando o tráfico negreiro terminou em 1850, por escravos trazidos de outras partes do país. Quando a mão de obra escrava começou a escassear, recorreu-se ao imigrante europeu, o que forçou afinal, dada a incompatibilidade entre trabalho escravo e trabalho livre no mesmo setor de atividade, a abolição da escravatura. O que importa ressaltar, neste contexto, é a reduzida capacidade de mobilização da força de trabalho da economia colonial, cujo Setor de Mercado Externo via de regra importava sua mão de obra do exterior. A economia colonial não dispunha de um sistema de incentivos capaz de atrair a mão de obra integrada no Setor de Subsistência, a não ser quando a terra utilizada neste setor era de propriedade de fazendeiros que também produziam para o mercado externo. Neste caso, o mais-produto obtido dos trabalhadores assumia, frequentemente, a forma de mercadorias exportáveis.

Entre a abolição da escravatura (1888) e a Revolução de 1930, houve no Brasil importantes transformações econômicas, sociais e políticas. Iniciou-se o processo de desenvolvimento mediante substituição de importações, com a constituição de um importante parque industrial produtor de bens de consumo não duráveis (tecidos, roupas, alimentos) principalmente no Rio de Janeiro e em São Paulo, e de uma ampla agricultura comercial

---

radamente, o que de fato quase nunca acontece. Para uma análise no plano nacional, *vide* meu livro *Dinâmica Populacional e Desenvolvimento*, Edições CEBRAP, São Paulo, 1970.

voltada para o mercado interno, nos estados de colonização alemã e italiana (Rio Grande do Sul e Santa Catarina). A imigração europeia avolumou-se fortemente, atingindo seu auge pouco antes da Primeira Grande Guerra, integrando-se os imigrantes na cafeicultura e nas novas atividades do Setor de Mercado Interno. Iniciou-se um tímido processo de urbanização, com o crescimento proporcionalmente mais rápido das capitais que eram centros de mercados regionais: Rio de Janeiro, São Paulo, Porto Alegre, Recife e Belo Horizonte. São Paulo, em particular, dispunha de um mercado regional maior que as demais, pois a cafeicultura tinha-se deslocado para o seu "hinterland".

Porém, a mudança mais profunda se deu após 1930: antagonismos inter-regionais cada vez mais fortes, combinados com repetidas revoltas da oficialidade jovem, levaram à derrubada da oligarquia cafeeira do poder, que foi assumido por uma coligação de políticos e "tenentes" oriundos das regiões periféricas (Nordeste e Rio Grande do Sul). Os governos originados da Revolução de 1930 (chefiados, até 1945, por Getúlio Vargas), além de colocar em prática uma política mais decidida de industrialização, trataram de desarmar os "exércitos do sertão", limitando a onipotência dos fazendeiros[4], e ao mesmo tempo criaram uma legislação do trabalho aplicável unicamente às áreas urbanas (na verdade; apenas às cidades maiores), que proporcionou aos assalariados urbanos um padrão de vida substancialmente mais alto que o das massas rurais. Surge desta maneira um sistema de incentivos que atrai uma parcela crescente dos trabalhadores rurais às cidades. A grande massa rural, confinada na economia de subsistência, passa a constituir para a economia capitalista industrial um verdadeiro reservatório de mão de obra ou, na expressão clássica de Marx, um exército industrial de reserva.

---

[4] No Brasil de antes de 1930, a mobilidade da mão de obra rural era restringida por uma série de laços econômicos e psicossociais que prendiam os agregados, parceiros, colonos etc. ao senhor da terra. Tais laços eram garantidos por bandos de capangas armados, chefiados por fazendeiros, que em algumas áreas chegavam a constituir verdadeiros "exércitos do sertão", dissolvidos depois de 1930. A eliminação do recurso à força armada para garantir o domínio dos donos da terra sobre os trabalhadores se dá paulatinamente e está longe de estar completada, o mesmo sendo verdadeiro quanto à substituição das relações de produção servis por relações capitalistas monetárias (arrendamento ou salariado).

A mobilização deste exército se fez paulatinamente, entre 1930 e 1945, a partir da abolição da autonomia dos estados, que serviu tanto para unificar o mercado interno como para derrubar as oligarquias locais, cujo poder sobre a população rural foi assim consideravelmente enfraquecido. A construção de uma rede de rodovias, que passou a interligar as principais regiões do país, facilitou as comunicações e estimulou enormemente as migrações internas. Finalmente, é preciso acrescentar que, a partir desta época, a sistemática queda da mortalidade, que se iniciou nas cidades maiores, mas atingiu rapidamente o interior, acelerou sobremaneira o crescimento da população e, portanto, do exército industrial de reserva. O aumento da população rural em áreas já densamente povoadas (na Zona da Mata e no agreste nordestino e nas zonas de colonização do Sul, por exemplo) ocasionou pressão sobre a terra, agravando a dicotomia latifúndio-minifúndio e provocando fortes correntes migratórias para zonas agrícolas pioneiras e para as cidades.

De 1930 em diante, a imigração estrangeira, por razões tanto externas como internas, perdeu quase toda importância. O número de imigrantes chegados ao Brasil era de 622.397 entre 1900 e 1909, atingindo seu montante máximo entre 1910 e 1919: 815.463. Na década seguinte (1920-1929) o total se manteve próximo deste nível: 788.170. Porém, daí em diante, o número de imigrantes caiu drasticamente: 332.768 entre 1930 e 1939, e 114.405 entre 1940 e 1949. Na década de 50 há uma certa recuperação (586.670), porém na década seguinte o total de imigrantes cai novamente a um nível próximo de 200.000. É preciso notar que mesmo a imigração mais abundante entre 1950 e 1959 pouco representou, pois neste período a população total do país aumentou quase 20 milhões. Pois bem, apesar desta queda da imigração do exterior, a absorção de mão de obra pela economia capitalista acelerou-se, graças a um aumento cada vez maior das migrações internas, cujo componente principal era a migração rural-urbana.

É claro que a mobilização do exército industrial de reserva, constituído pelas massas rurais submergidas numa economia de subsistência pré-capitalista, não se deu exclusivamente mediante a urbanização, porém esta foi sua forma predominante. O capitalismo industrial via de regra se origina nas cidades e daí penetra no campo. O Brasil não constitui exceção a esta regra.

A substituição de importações provocou, em primeiro lugar, a ampliação e a diversificação dos ramos da indústria de transformação, o que determinou forte expansão da economia urbana. Tendo-se constituído, desta maneira, um amplo mercado urbano para produtos agrícolas, principalmente alimentos, criaram-se condições para a penetração (ainda hoje limitada) do capitalismo na agricultura[5].

O desenvolvimento capitalista da economia brasileira foi profundamente marcado por esta ampla mobilização do exército industrial de reserva, que deu lugar a um abundante suprimento de força de trabalho pouco qualificada, porém dócil e de aspirações modestas. Formou-se desta maneira um importante diferencial entre o custo da mão de obra qualificada e não qualificada, limitado apenas pela legislação do trabalho, principalmente pelo salário mínimo. Isso explica o baixo grau de mecanização das atividades agrícolas e de construção civil e o relativo obsoletismo tecnológico dos ramos industriais mais antigos, como o têxtil e o de confecção de vestuário. A persistência de numerosas pequenas empresas artesanais e semiartesanais e do grande volume de força de trabalho em serviços domésticos também se explica pelo baixo custo da mão de obra.

Metropolização e Concentração do Capital

A unificação nacional, tanto física quanto política, a partir de 1930 criou condições para uma crescente concentração do capital, antes impedida pela fragmentação regional do mercado. A concentração do capital se apresenta sob dois aspectos diferentes, que se reforçam mutuamente: a) a concentração de atividades em estabelecimentos e firmas cada vez maiores, causa-

---

[5] A migração para a cidade tem um duplo efeito sobre o crescimento do exército industrial de reserva: os migrantes se incorporam nele ao se instalar nas áreas urbanas e ao mesmo tempo expandem a demanda urbana (solvável) por produtos agrícolas, o que confere o caráter de mercadorias, isto é, de excedente vendável, a uma parcela crescente da produção do Setor de Subsistência. É através da expansão do mercado urbano para produtos agrícolas que o capitalismo penetra na agricultura, pois ela possibilita e torna vantajosa para o proprietário a substituição da renda-produto ou renda-trabalho pela renda-dinheiro ou pelo lucro proveniente da exploração do trabalho assalariado.

da pelas vantagens financeiras, comerciais, produtivas etc. que uma escala maior de operações proporciona; b) a concentração de atividades em determinadas áreas, causada pelas chamadas economias externas de despesas de transporte e comunicações entre empresas complementares e pelo uso em maior escala, o que reduz os seus custos, de serviços industriais (energia, água, esgotos), de serviços financeiros, comerciais etc.

Conforme as empresas se concentram espacialmente, o mercado para cada uma se amplia, possibilitando assim maior concentração empresarial do capital, e na medida em que esta se dá as vantagens da concentração espacial se acentuam.

No Brasil, a concentração espacial do capital se deu primordialmente em São Paulo por uma variedade de motivos, dos quais o mais importante é que a capital paulista já possuía o maior parque industrial do país, devido à razão apontada antes: o grande mercado regional formado pela cafeicultura. Quando esta se deslocou, a partir dos anos 40, para o norte do Paraná, ela continuou fortemente ligada a São Paulo, cuja hegemonia no mercado nacional já não podia mais ser disputada.

A partir de 1950, o processo de substituição de importações atingiu as indústrias de bens de consumo duráveis (automóveis, eletrodomésticos), bens de capital (máquinas, equipamentos) e bens intermediários (siderurgia, produtos químicos, borracha, papel). A implantação destas indústrias se deu em grande parte mediante investimentos de capital estrangeiro, que trouxe ao país técnicos de produção em massa. Deste modo, os novos ramos industriais já surgiram fortemente concentrados, e a maior parte dos estabelecimentos foi localizada na área metropolitana de São Paulo ou em suas imediações: Baixada Santista, Campinas e Vale do Paraíba. Esta formidável concentração de atividades industriais condicionou, por sua vez, uma extraordinária expansão de atividades terciárias na região: a atividade comercial, além de se ampliar, especializou-se, o mesmo acontecendo com a atividade financeira; a rede de ensino formal cresceu bastante, surgindo ao seu lado uma grande quantidade de cursos profissionalizantes; os serviços pessoais também se ampliaram, multiplicando-se os estabelecimentos de luxo: hotéis, salões de beleza, clubes de campo, saunas, escolas de judô, de ioga etc. Isso sem falar da ampla gama de serviços demandada pelo automóvel e pelo automobilista e dos serviços semidomésticos em prédios e áreas residenciais suburbanas. É importante observar que, na Grande São Paulo (área metropolitana), a porcentagem da força de trabalho empregada em serviços subiu de cerca de 50%, em 1940 e 1950, para 60%, em 1960.

É interessante discutir, neste contexto, em que medida a grande concentração de atividades na Grande São Paulo correspondeu a vantagens econômicas gerais, isto é, que permitiram o desenvolvimento das forças produtivas, e em que medida ela resultou das características capitalistas da economia brasileira. Parece não haver dúvida que às vantagens efetivas da aglomeração correspondem também desvantagens, que foram sobremaneira agravadas pela ausência de um adequado planejamento a longo prazo. Como as decisões de localização de atividades são tomadas descentralizadamente, tal planejamento é sumamente difícil, se não impossível. Assim, os principais mananciais de água da cidade, o rio Tietê e seus afluentes, foram utilizados para diluir esgotos, criando grave escassez de água potável, o que está requerendo custosas obras hidráulicas para trazer o líquido de áreas mais distantes. Também o uso irrestrito do automóvel em todas as vias da cidade criou um volume excessivo de tráfego dificultando o transporte coletivo e exigindo ponderável volume de obras de alargamento de ruas, construção de passagens elevadas etc. A forte concentração de atividades terciárias no centro histórico da cidade contribui para avolumar determinados fluxos de trânsito, o que não deixa de agravar os problemas do tráfego. Deve-se mencionar, neste contexto, a dificuldade em se construir a rede de transporte subterrâneo (metrô) devido aos elevados custos de desapropriação de imóveis[6].

Uma das características da economia capitalista é que as desvantagens da aglomeração, embora causadas fundamentalmente pelas empresas privadas, acabam tendo seus custos socializados, já que a solução dos problemas assim suscitados cabe ao poder público, que financia as obras com fundos tributários arrecadados de toda a população. Assim, a indústria automobi-

---

[6] É óbvio que a dificuldade em planejar não somente provém da descentralização de decisões mas também do antagonismo de interesses das diferentes classes. Qualquer regulamentação do uso do solo urbano, quer para construir quer para transitar ou estacionar, interfere nos direitos dos proprietários do solo e/ou de veículos.

lística, maior responsável pelos problemas de tráfego que seus produtos ocasionam, não contribui proporcionalmente mais do que qualquer outro "munícipe" para sua solução.

É preciso considerar, porém, que as atividades concentradas na metrópole paulista proporcionam, graças à[7] sua maior produtividade, o excedente requerido para a solução dos problemas que elas geram. Neste sentido, seria errôneo pensar que a economia da Grande São Paulo está se tornando inviável. A sua problemática, que causa incontáveis sofrimentos à população (longas horas de espera no transporte coletivo, más condições de saneamento nas áreas de população pobre, cujos alojamentos são precários e longe dos serviços essenciais, pois a especulação imobiliária trata de repartir os recursos escassos de acordo com o poder aquisitivo dos indivíduos), provém antes do atraso na adoção de medidas do que da ausência de recursos para financiá-las.

Velocidade de Crescimento e Problemática Urbana

Poder-se-ia pensar (como o fez "aquele" prefeito de São Paulo) que o problema está basicamente na excessiva velocidade do crescimento da população metropolitana, o que faz crescer no mesmo ritmo a demanda por serviços urbanos, velocidade esta que supera a capacidade de acumular recursos para atendê-la. Mas, na verdade, a demanda de serviços, numa economia capitalista, é apenas a demanda *solvável* e por isso ela cresce em função da renda e não em função da população. Uma família que chega a São Paulo sem que algum de seus membros possa empregar-se e que não dispõe de qualquer outra fonte de renda não pode sequer demandar uma habitação, constituindo no máximo uma carga para a assistência social, quando não é acolhida por parentes ou amigos, como acontece na maior parte das vezes. Quando uma família, no entanto, passa a usufruir uma renda que utiliza para

---

[7] Solução no sentido de superação dos problemas decorrentes da oferta insuficiente de serviços, que afetam o desenvolvimento ulterior daquelas atividades. A insuficiência de serviços afeta a atividade econômica ao torná-la menos produtiva (devido, por exemplo, à fadiga dos operários ocasionada pela deficiência de transportes coletivos) ou elevando-lhe os custos (na medida, por exemplo, em que o custo mais alto da habitação operária impõe o pagamento de salários maiores).

se alojar, comprar automóvel etc., então sim ela contribui para avolumar a demanda por serviços urbanos. Mas, neste caso, em algum ponto da economia esta renda foi gerada (graças à atividade de membros desta família ou de algum outro) de modo que o volume de recursos da economia urbana também foi acrescido.

É preciso, neste contexto, não confundir a problemática de uma cidade como São Paulo com a de outras em que existem mecanismos de transferência que garantem solvabilidade à demanda vital mínima de qualquer novo morador. Tais mecanismos não existem, a não ser em termos quase simbólicos, e os que não conseguem se integrar de um modo legal e moralmente sancionado na economia são, no máximo, um encargo para os serviços de manutenção da ordem. Se existe, portanto, uma demanda "explosiva" por serviços urbanos de toda espécie, que permanece em grande medida insatisfeita, isto se dá não porque a população cresce depressa demais, mas porque a renda urbana se eleva de forma "explosiva", e os mecanismos de mercado, que de modo geral deveriam equilibrar demanda e oferta, simplesmente falham no cumprimento do seu papel. E falham porque a oferta se torna inelástica a curto prazo quando se esgota a capacidade de produção. Não é possível atender a uma demanda rapidamente ascendente de telefones, de ligações à rede de água e de esgotos, de habitações, de vias transitáveis etc. quando as respectivas redes telefônicas, de água etc. estão saturadas. De modo que as únicas maneiras de se reduzirem os desníveis entre demanda e oferta de serviços urbanos seriam ou deter a expansão da economia urbana ou planejá-la a longo prazo. Tudo leva a crer que nem uma nem a outra são compatíveis com o modo de produção capitalista, tal qual ele se apresenta no Brasil atualmente[8].

Outra parte do argumento antiurbano é que o crescimento excessivo da população das cidades (nos países não desenvol-

---

[8] Morse (*op. cit.*) apresenta dados de grande interesse sobre o planejamento urbano em Cuba, onde a concentração espacial de atividades (sobretudo em Havana) está dando lugar à criação de uma rede urbana de cidades médias e pequenas. Embora seja cedo para se aquilatarem os resultados do experimento, é indubitável que a reordenação radical do uso do espaço em Cuba só se tornou possível graças à socialização dos meios de produção, particularmente do solo urbano.

vidos) se manifesta sob a forma de uma oferta de força de trabalho que aumenta mais depressa que a demanda, gerando um volume crescente de desemprego (aberto, oculto, disfarçado) e de subemprego. É preciso, em primeiro lugar, constatar que o volume de desemprego aberto e oculto em São Paulo não parece estar aumentando, de acordo com os dados (precários) de que se dispõe. Tampouco deve ser ele muito grande. Em 1953, no Distrito de São Paulo (então a maior parte da Grande São Paulo), os desempregados constituíam 10% dos homens e 5% das mulheres de 15 anos e mais. Em 1969, no estado de São Paulo (onde cerca de 50% da população se encontrava na Grande São Paulo), as porcentagens permaneciam quase as mesmas: 10% entre os homens e 3,6% entre as mulheres. Embora não se disponha de dados diretos recentes para a região, é provável que o desemprego (aberto e oculto) não seja exagerado para uma economia capitalista (nos EUA a taxa equivalente seria de 9 a 13% nos últimos anos, isto é, o dobro da taxa de desemprego aberto).

Quanto ao desemprego disfarçado, não se dispõe de informações nem indiretas, pois o conceito em si não se presta muito a mensurações. Um desempregado disfarçado seria alguém cuja produtividade marginal é nula ou mesmo negativa. O exemplo clássico seria o do sexto vendedor numa loja em que cinco poderiam atender perfeitamente a clientela. Na falta de estimadores diretos, é comum tentar-se avaliar o desemprego disfarçado pelo número dos que percebem rendas muito baixas. A pressuposição por detrás deste procedimento é que a remuneração de alguém é proporcional à sua produtividade marginal. Este teorema neoclássico requer tais características de mercado, pois sua aplicabilidade prática é extremamente limitada. Numerosos trabalhadores não qualificados ganham muito mal (na construção civil, por exemplo), porém isso não demonstra que eles tenham baixa produtividade marginal. Poderia ser perguntado: sendo ponderável a diferença entre a produtividade marginal e o salário, por que não se amplia o emprego na construção civil por exemplo? Há várias razões[9]: a limitação da demanda pelos

---

[9] Num mercado competitivo supõe-se que a parcela de cada empresa na oferta total é tão reduzida que o aumento desta parcela não afeta o preço. Daí se segue que, devido à competição entre as empresas, cada uma delas expande o emprego até o ponto em que a produtividade marginal (suposta sempre

produtos *deste* ramo, a escassez de outros fatores de produção, tais como capital, força de trabalho qualificada etc. De uma forma geral, nem o mercado de trabalho nem os demais mercados da economia metropolitana apresentam as características da livre competição. Deste modo, as atividades que usam mão de obra pouco qualificada - construção, bares, prédios, comércio varejista - têm condições de pagar salários muito reduzidos sem se sentir incentivadas a ampliar o emprego até esgotar toda a oferta de força de trabalho deste tipo.

Qualquer que seja o volume de desemprego disfarçado e total em São Paulo, é fácil ver que ele deve ser muito *menor* que na maioria das cidades brasileiras cuja população cresce mais devagar ou simplesmente decresce. Visitando-se tais cidades, a desocupação de numerosas pessoas, em suas variadas formas, salta aos olhos. Obviamente uma grande parte dos imigrantes vem a São Paulo de tais cidades. Se houvesse alguma maneira de impedi-los de vir a São Paulo tentar sua sorte no mercado de trabalho, o desemprego em *São Paulo* talvez diminuísse, mas o desemprego urbano no país seria ainda maior. No fundo, o grande movimento migratório para a Grande São Paulo nada mais significa do que o deslocamento da oferta de força de trabalho para onde mais cresce a demanda.

Isso não quer dizer, naturalmente, que não haja cidades brasileiras em que a imigração ocasiona uma expansão de oferta de trabalho muito mais intensa do que a demanda. Trata-se sobretudo de capitais regionais (Belém, Fortaleza, Recife) que concentram em si um número de desempregados que estava disperso num maior número de localidades. Não parece haver argumentos válidos para que se tente preservar a dispersão.

---

decrescente) se iguala ao salário pago. Quando, no entanto, o mercado não é competitivo, a expansão da oferta das grandes empresas tende a deprimir os preços. Assim, se as grandes construtoras expandissem sua produção até o ponto de igualdade entre produtividade marginal e salário, dado um determinado nível de preços dos seus produtos, elas podem prever que um volume maior de imóveis só poderia ser vendido a um preço inferior, de modo que quando oferta e demanda estivessem novamente em equilíbrio, a produtividade marginal seria *inferior* ao salário (já pago). Nestas condições, a empresa oligopólica leva em consideração a elasticidade-preço da demanda ao determinar o seu volume de produção e, portanto, o de emprego.

Vale a pena distinguir aqui dois tipos de desemprego que ocorrem em economias capitalistas ainda não completamente desenvolvidas: um é o que decorre da mobilização de grupos sociais anteriormente não integrados na força de trabalho capitalista (principalmente mulheres e pessoas provenientes do Setor de Subsistência, além dos jovens que entram no mercado de trabalho); o outro decorre da liberação de força de trabalho que já estava engajada, por causa de mudanças na técnica de produção ou na estrutura da demanda efetiva. Este último tipo de desemprego ocorre com maior frequência nos países capitalistas desenvolvidos, tem dimensões limitadas e assume o aspecto de desemprego friccional, sendo decorrência do remanejamento da mão de obra entre diferentes empresas e setores de produção, exceto nos períodos de baixa conjuntural das atividades, quando seu volume aumenta consideravelmente. Mas é o primeiro tipo o que predomina em países como o Brasil, resultando na incorporação ao exército industrial de reserva de ponderáveis massas humanas que aspiram a participar da tão propalada sociedade de consumo. Este tipo de desemprego, que pode ser denominado de estrutural, resulta, em última análise, da insuficiência de acumulação de capital prévia que permita utilizar imediatamente a força de trabalho tornada disponível por mudanças sociais básicas nas áreas rurais e nas pequenas cidades.

Se se olhar os vastos fluxos migratórios que cruzam o território brasileiro, que, de acordo com o Censo de 1970, englobavam mais de 30 milhões de pessoas numa população de pouco mais de 93 milhões, é fácil ver que o exército industrial de reserva atinge dimensões formidáveis no Brasil, já que a grande maioria dos migrantes se desloca à procura de trabalho. É um esforço imenso devotado à localização das áreas onde se dá a acumulação de capital e onde, em consequência, cresce a demanda por força de trabalho. É bastante comum que o mero anúncio do início da construção de uma fábrica atraia ao local numerosos trabalhadores.

O rápido crescimento demográfico da Grande São Paulo é consequência da amplitude do desemprego estrutural no país e do fato de que efetivamente a acumulação se processa em grande escala dentro dos seus limites. Em comparação com outras cidades, é provável que uma proporção maior dos migrantes que acorrem à área metropolitana de fato logrem integrar-se no processo produtivo. Isto se explica, de um lado, pelo fato de que as correntes migratórias cobrem, em geral, distâncias curtas. Dos 8.403.444 migrantes que residiam em São Paulo, em 1970, 5.373.965 (isto é, 64%) provinham do próprio estado e 888.615 (10,5%) do vizinho estado de Minas Gerais. Dos migrantes que chegaram à Grande São Paulo, quase 60% vêm do resto do estado ou de Minas Gerais. A incapacidade (econômica e social) dos migrantes brasileiros de abarcarem o conjunto do território na sua busca de trabalho na verdade limita o crescimento populacional da Grande São Paulo, permitindo a ocorrência de diferenciais no nível de emprego entre as várias regiões do país. Deste ponto de vista, o crescimento da população paulistana ainda seria maior do que é, se a mobilidade espacial da força de trabalho fosse perfeita.

A Anticrítica

Podemos, agora, retomar a discussão inicial. Parece claro que a problemática de áreas metropolitanas como a Grande São Paulo resulta de uma concentração espacial de atividades (e não de população) que, em termos econômicos, se justifica, dentro de certos limites. Não há dados que permitam definir, no plano macroeconômico e social, um grau "ótimo" de aglomeração (ou dispersão) de atividades. Não se pode concluir daí, porém, que a aglomeração produzida pelas decisões tomadas isoladamente pelos empresários, em função de indicadores de mercado e inclinações pessoais, seja a ótima. Há duas razões, pelo menos, que invalidam esta hipótese. Em primeiro lugar, os indicadores de mercado são falhos na medida em que cada empresário ignora as decisões dos demais e as consequências econômicas e sociais do conjunto delas. Dado o elevado valor dos investimentos em terrenos e construções, a correção de decisões errôneas, mesmo do ponto de vista interno da empresa, sói ser inviável a curto prazo. Daí os engarrafamentos de trânsito, as linhas telefônicas sobrecarregadas, os cortes de energia elétrica e demais deseconomias de aglomeração. Em segundo lugar, a preferência pessoal dos empresários e da alta direção dos estabelecimentos pesa nas decisões quanto à sua localização, pois esta obviamente condiciona o local de moradia dos seus dirigentes. Por mais que se fale contra a qualidade de vida das metrópoles, é nelas que se encontram as melhores escolas, a assistência médica especializada, uma vida cultural mais movimentada e assim por diante. Deste modo, quando a localização não é predeterminada por certos fatores, tais como a proximidade da fonte de matérias-primas, a opção que acaba sendo preferida é a que permite aos dirigentes morar numa "boa cidade", o que quase sempre significa uma cidade grande. Pode-se deduzir daí que o sistema descentralizado de tomada de decisões, própria do capitalismo, tende a apresentar um viés favorável à superaglomeração das atividades em áreas metropolitanas, viés este que é reforçado pela socialização das deseconomias de aglomeração.

A conclusão de que, no capitalismo, há uma tendência à excessiva concentração espacial das atividades, da qual resulta a hipertrofia das áreas metropolitanas, parece coincidir, à primeira vista, com a crítica da urbanização que mencionamos no início deste trabalho. Esta coincidência, no entanto, é apenas aparente. Na verdade, a ordem causal apresentada pela crítica antiurbana, que vê no crescimento urbano dos países não desenvolvidos uma "inchação" representada por um aumento da população sem a expansão correspondente da economia metropolitana, é oposta à que revela a análise do caso da Grande São Paulo. O que de fato acontece é que a acumulação de capital se dá de forma concentrada no espaço, o que atrai grandes fluxos migratórios. O exército industrial de reserva, sendo construído por uma grande parcela da população, a qual se torna móvel na medida em que se rompem as peias que a prendiam às áreas rurais, se dirige às metrópoles que oferecem melhores perspectivas de emprego.

Não é verdade, pois, que a "marginalidade" urbana é um produto do desenvolvimento capitalista, pelo menos no sentido de que ela não existia antes na economia colonial. Tal proposição, apesar de ser formulada como crítica ao capitalismo, é reacionária. O capitalismo, ao destruir relações de produção no campo que lhe são anteriores e antagônicas, põe em movimento massas humanas que numa primeira fase se integram no exército industrial de reserva. Como a acumulação de capital é determinada descentralizadamente, a função do exército de reserva é ampliar a liberdade de decisão dos capitalistas, que expandem a atividade econômica nas áreas que melhor atendem a seus interesses. Mas isso significa apenas que a eliminação do desperdício de força de trabalho, anteriormente submergida no Setor de Subsistência, se faz de modo contraditório: é preciso mobilizar milhões de trabalhadores para que o capital possa utilizar uma parte deles, mantendo os restantes em formas de desemprego menos invisíveis.

Do mesmo modo, não se pode atribuir ao capitalismo a queda da mortalidade e a consequente aceleração do crescimento demográfico (pelo menos enquanto a fertilidade se mantém elevada), pois ela resulta de aplicações irreversíveis de conquistas científicas à preservação da vida humana. O sistema, face ao aumento da força de trabalho assim criado, trata de aproveitá-lo, mantendo em baixo nível os salários e empregando extensivamente a mão de obra sempre que há técnicas de produção que não requeiram elevado volume de capital por trabalhador. Na indústria de transformação, estas técnicas são cada vez mais raras, mas no setor de serviços elas ainda são abundantes. Em São Paulo, a expansão desmesurada do emprego no terciário é consequência, como foi visto, do aumento de certos serviços pessoais, inclusive o doméstico, que utilizam mão de obra pouco qualificada.

O problema real não está na mobilização das massas rurais, o que significa sua urbanização, mas na mobilidade *insuficiente* do exército de reserva. Dado o baixo poder aquisitivo e o limitado horizonte cultural da maioria dos migrantes, estes se movem apenas a distâncias relativamente curtas, promovendo a sua urbanização muitas vezes em cidades que não foram escolhidas pelo capital para nelas se acumular. No Brasil, certas cidades do Norte e do Nordeste, como Belém e Fortaleza, têm crescido mais depressa, nos últimos anos, do que São Paulo. O capitalismo não dispõe de mecanismos, a não ser a intervenção estatal, que obriguem o capital a se orientar para as áreas onde há disponibilidade de força de trabalho. Como a mobilidade da força de trabalho não é perfeita, o sistema acabou por adotar planos de desenvolvimento regional que têm por finalidade precípua suscitar fluxos de capital para as áreas mais atrasadas. Criam-se, deste modo, novos centros de concentração espacial do capital, como é o caso de Salvador e Recife no Nordeste brasileiro. Estes novos fluxos de capital são constituídos em sua maior parte por fundos públicos reprivatizados, que são entregues aos contribuintes do Imposto de Renda em proporção a seus débitos fiscais. Verifica-se, deste modo, uma incipiente industrialização do Nordeste (e talvez, no futuro, do Norte), sendo a propriedade das novas empresas detida pelos capitalistas de São Paulo e de outras áreas de industrialização mais antiga. Quando as novas indústrias se tornarem lucrativas, o excedente gerado por elas tenderá a refluir para São Paulo, reforçando a acumulação de capital nesta área. Deste modo, o sistema criou mecanismos que permitem ao capital paulista explorar a força de trabalho nordestina sem precisar se deslocar de São Paulo.

Como perspectiva futura, São Paulo tende a tornar-se dentro do Brasil uma metrópole também no sentido de se apropriar e de acumular uma parcela crescente da mais-valia produzida nas áreas que estão sendo agora industrializadas. Com isso a hipertrofia econômica da metrópole paulistana só será reforçada, tornando sua problemática cada vez mais complexa e de difícil solução. Já estão sendo lançadas as bases para a constituição de um amplo mercado de capitais em São Paulo, cuja Bolsa de Valores apresenta um movimento diário de cerca de 10 milhões de dólares, o maior do país[10]. Este mercado de capitais terá funções nacionais, o que significa que São Paulo irá exportar serviços financeiros ao resto do país. O aumento de renda assim captado pela metrópole beneficia sobretudo camadas de apreciável poder aquisitivo (corretores, banqueiros, especuladores, rentistas), cuja demanda por serviços urbanos de melhor qualidade aumenta aceleradamente. Já se nota uma suburbanização incipiente, cujo desenvolvimento previsível irá absorver parcela apreciável dos recursos públicos, tornando maior ainda a penúria das áreas onde reside a população mais pobre. Deste modo, a metrópole vai se adaptando às formas de consumo conspícuo importadas dos países capitalistas desenvolvidos, das quais o uso irrestrito do automóvel é o mais importante, enquanto as necessidades da grande maioria da população recebem prioridades cada vez menores.

É muito claro que São Paulo não vai parar de crescer, pois ela é o símbolo e o epicentro do desenvolvimento capitalista

---

[10] N.E.: Dados de 1973. Em 1998, confirmando as previsões do autor, o movimento diário era 50 vezes maior!

brasileiro. Os contrastes que ela apresenta manifestam apenas as contradições de um sistema que, para desenvolver as forças produtivas, vai sempre suscitando novos problemas. A crítica da urbanização, ao não tomar em consideração esta característica essencial do capitalismo, incorre no erro de tentar evitar estes problemas mediante a redução do dinamismo do sistema, que constitui, afinal, sua única justificativa histórica. Um capitalismo sem contradições e sem movimento não passa de uma utopia reacionária inspirada num exame de problemas isolados, por parte de quem se recusa a analisar a essência do sistema que os gera.

ECONOMIA URBANA

A Cidade na Estrutura Econômica

Por mais que variem as definições do que constitui uma "cidade", a maioria delas concorda num ponto: trata-se de uma aglomeração humana, de um conjunto de pessoas vivendo próximas umas das outras. As discussões giram ao redor do tamanho mínimo desta aglomeração: alguns pretendem que seja de 2.000 habitantes, outros propõem 5.000, e assim por diante. A cidade é constituída, portanto, por uma população relativamente grande, habitando compactamente num pequeno território.

A partir desta conceituação do urbano, podemos tentar descobrir a função econômica da cidade. Haverá alguma razão econômica que leve grandes massas humanas (só o Brasil possuía em 1970 onze cidades de mais de 500 mil habitantes) a se agruparem em áreas bastante reduzidas? A resposta parece ser que determinadas atividades exigem a cooperação de um elevado número de pessoas, que precisam viver próximas umas das outras para poder desempenhá-las. Examinemos algumas destas atividades.

A indústria de transformação é a atividade urbana por excelência. A técnica industrial moderna requer o uso de equipamentos muito grandes, cuja movimentação exige enorme quantidade de braços. Para produzir barato é preciso produzir em massa. Isso faz com que não apenas as fábricas sejam de amplas dimensões, mas também que muitas delas – que exercem atividades complementares – se agrupem na mesma área. Indústrias de montagem, como a automobilística, atraem para a sua proximidade numerosas fábricas de peças e componentes. É o que se verifica na zona do ABC, em São Paulo. Indústrias de processamento, como as refinarias de petróleo ou as usinas de aço, atraem, por sua vez, empresas que usam os produtos delas como matérias-primas. É por isso que a indústria petroquímica está se instalando na Baixada Santista, próxima à Refinaria Presidente Bernardes, ao passo que um outro núcleo petroquímico está sendo implantado em Salvador, perto da Refinaria de Mataripe. Estas tendências à aglomeração industrial, que acarretam o surgimento e a expansão de núcleos urbanos, se explicam basicamente pela necessidade de economizar custos de transporte. Se, por algum milagre, o transporte de pessoas e de produtos fosse gratuito, cada estabelecimento poderia localizar-se em esplêndido isolamento dos demais, e os operários poderiam morar na zona rural, em chácaras e sítios de veraneio. Mas nossa época não é de milagres.

O comércio é outra atividade que exige concentração especial dos que a ele se dedicam. A divisão social do trabalho fratura a atividade produtiva em milhares de núcleos especializados, cuja produção tem de ser transportada, concentrada, financiada e finalmente redistribuída em determinadas áreas de mercado, geralmente localizadas em entroncamentos ferroviários – ou rodoviários, portuários etc. Atualmente, por exemplo, a produção agrícola de vastas áreas é reunida em determinadas centrais de abastecimento – como o CEASA em São Paulo – onde ela é processada, classificada, reembalada e comercializada. Neste caso não há economia nas despesas de transporte (antes pelo contrário, pois parte da produção agrícola vai ao centro e depois volta às zonas onde foi produzida), mas a grande escala das operações barateia os custos de comercialização. A cidade, por possuir uma população avultada vivendo agrupada, oferece um amplo mercado aos comerciantes, que a ela acorrem, concorrendo para expandir o seu tamanho. O mesmo é verdadeiro para banqueiros e financistas, para barbeiros, hoteleiros, tintureiros, para médicos, sacerdotes, artistas, advogados, intermediários de toda a espécie (agências de empregos, de casamentos, de imóveis), charlatães e vigaristas, mendigos, prostitutas e toda a forma de parasitas que sempre se faz presente nos lugares em que a riqueza social se acumula.

Há que referir ainda à atividade administrativa e de manutenção da ordem que é exercida pelo Estado e que exige, igualmente, um extenso exército de funcionários concentrados em alguns pontos, que se tornam sedes do governo federal, dos estaduais e dos municipais. No Brasil, a extensão da função urbanizadora da atividade pública federal pode ser aquilatada pelo tamanho já atingido por Brasília. Nossa nova capital federal, que ainda está longe de congregar a maior parte dos órgãos do governo da União, já reúne mais de 500.000 habitantes e tudo leva a crer que ela ainda venha a crescer muito mais no futuro[1].

As Funções Econômicas das Cidades

Considerada, em abstrato, "a cidade" exerce funções industriais, comerciais, de serviços de toda a espécie, até mesmo religiosos, administrativos, militares, sanitários etc. Mais concretamente, as numerosas cidades de um país exercem, conforme o seu tamanho, apenas algumas destas funções. As pequenas cidades do interior são, em geral, centros de comercialização dos produtos agrícolas produzidos na área circunvizinha (chamada de seu "hinterland"), sendo muitas vezes também sedes de governos municipais. Algumas também abrigam guarnições militares, outras são sedes de escolas médias ou até superiores, de hospitais, de comarcas judiciárias ou de dioceses. Desta maneira, estas cidades de porte reduzido prestam serviços comerciais, administrativos, de manutenção da ordem, educacionais etc. não só à sua própria população, mas também à que vive em seu "hinterland".

Cidades de porte médio costumam ser "cabeças de zona", prestando os mesmos tipos de serviços, embora algo mais especializados, a uma área bem maior. Nestas cidades se encontra algum comércio por atacado, lojas que trabalham com mercadorias de melhor qualidade; os locais de recreação são mais numerosos; há médicos e clínicas especializadas, escolas de melhor nível, algumas sedes de bancos etc., etc. Quando tais cidades são portuárias, o comércio de importação e exportação lhes confere uma feição toda especial. Também nesta categoria se encontram as cidades de veraneio, de litoral ou de montanha,

---

[1] Isto na perspectiva dos anos 70, que se confirmou nas duas décadas seguintes.

que soem receber em certas épocas do ano uma população flutuante várias vezes maior do que a fixa.

Finalmente, temos as grandes cidades, que, em geral, desempenham muitas das funções mencionadas e mais a industrial. É verdade que algumas cidades médias e até mesmo pequenas também abrigam indústrias, mas este fato tende a se tornar cada vez mais excepcional, a não ser quando os núcleos urbanos menores estão na periferia e sob a influência de alguma grande cidade. As cidades industriais do ABC, em São Paulo, estão neste caso. Quando a periferia industrial de uma grande cidade ultrapassa seus limites, invadindo os municípios vizinhos, o melhor é considerar todos eles como um único conjunto urbano. Isto é demonstrado pela teoria e pela prática do planejamento hodierno, que prefere se ocupar de áreas metropolitanas, como o Grande Rio, a Grande São Paulo, o Grande Recife etc.

No passado, era comum que indústrias de grande porte como fiações e tecelagens fossem se estabelecer em pequenas comunidades, especializando-as numa atividade industrial. Foi o caso de Paulista, em Pernambuco, e de Rio Tinto, na Paraíba. Hoje em dia, os fatores que favorecem a aglomeração industrial se tornaram tão fortes que dificultam a sobrevivência de grandes indústrias em pequenas cidades isoladas, exceto as indústrias extrativas que dependem da localização dos recursos naturais e alguns tipos de indústrias que têm fortes vantagens ao se localizar próximas às fontes de suas matérias-primas: usinas siderúrgicas, frigoríficos, laticínios, refinarias de milho etc. O restante das indústrias se agrupa cada vez mais em cidades grandes (acima de 100.000 habitantes) e sobretudo em áreas metropolitanas.

Assim como as indústrias tendem a se concentrar cada vez mais em cidades grandes, estas soem cada vez mais frequentemente desempenhar funções industriais. Mas há exceções. Em áreas que registram intensa migração do campo à cidade, núcleos urbanos médios com funções apenas "terciárias" (comerciais, administrativas etc.) podem em poucos anos ver sua população crescer rapidamente, tornando-se cidades grandes sem que sua economia industrial se tenha expandido. Fortaleza e Belém são exemplos brasileiros de cidades grandes sem função industrial significativa.

É comum supor que tais cidades, que em geral possuem grandes parcelas de sua população subempregadas, vivendo em condições miseráveis, são pobres *porque* não possuem indústrias. Tal suposição no entanto é, se não falsa, simplista. Seria mais correto dizer que tais cidades não possuem indústrias porque são pobres. É preciso lembrar que estas cidades, ditas "inchadas", se encontram em regiões não desenvolvidas, em cujo "hinterland" a produtividade agrícola é baixa, e o mercado para produtos industriais é quase inexistente. A ausência de indústrias, nestas circunstâncias, é tanto causa como consequência do baixo nível de desenvolvimento econômico. Quando se instalam indústrias em tais cidades, como a recente experiência da SUDENE no Nordeste tem mostrado, os produtos acabam sendo vendidos, pelo menos numa fase inicial, na área mais industrializada e rica do país (no caso brasileiro, no centro-sul). É possível conceber, ao menos em teoria, cidades grandes prósperas que não possuam função industrial significativa. Talvez Brasília e Washington sejam exemplos deste tipo de cidade. Mas, embora a presença da indústria não seja uma condição indispensável para que uma economia urbana apresente elevada produtividade, um núcleo urbano rico tende a atrair a indústria, a não ser que um zoneamento rigoroso impeça o seu estabelecimento.

A Rede Urbana

O fato de um país ou de uma região apresentar numerosas cidades, a maioria pequenas, um número menor de médias e apenas algumas grandes, se deve a razões históricas, que decorrem do processo de povoamento do território. Uma vez estabelecido um certo número de núcleos urbanos, cada um deles tende a se especializar em uma ou várias funções, em parte devido à sua localização geográfica em relação à rede de transporte, em parte devido ao tipo de atividades que se desenvolvem em seu "hinterland" e, em parte, finalmente, devido ao acaso, isto é, a uma grande quantidade de razões que desafiam a análise: caráter e proveniência de sua população, incidentes políticos, alterações em outras partes da economia e uma miríade de outros fatos que podem contribuir para que determinada cidade se torne um importante centro industrial, ao passo que as demais não passem de centros comerciais médios e pequenos.

Seja como for, uma vez "fixada", pelo menos por um certo período, a especialização de cada cidade, que em boa medida vai determinar seu ritmo de crescimento e, portanto, seu tamanho, o conjunto das cidades desenvolve um extenso sistema de trocas que configura, sob o ponto de vista econômico, a rede urbana.

Para se entender o funcionamento da rede urbana, é preciso partir da constatação de que nenhuma economia urbana, nem de uma cidade isolada nem do conjunto delas, pode ser autossuficiente. Isso porque a cidade não pode produzir nem os alimentos para sua população nem a matéria-prima para sua indústria. As atividades que fornecem tais produtos – a agricultura e a indústria extrativa – têm de ser desenvolvidas junto aos recursos naturais, o que impõe uma ampla dispersão dos que nelas se ocupam no espaço. Elas são, por isso, incompatíveis com as condições urbanas (pelo menos enquanto a produção sintética de alimentos e matérias-primas não estiver completamente desenvolvida).

Não podendo produzir alimentos e matérias-primas, a rede urbana os capta através de seus tentáculos, constituídos pelas cidades pequenas, que penetram pela zona rural. A rede urbana obtém os produtos da agricultura e da indústria extrativa, trocando-os pelos produtos da economia urbana: bens industrializados e serviços. Uma grande parte dos produtos urbanos é, por sua vez, fornecida às cidades pequenas pelas médias, e estas a obtêm das grandes. Desta maneira, os alimentos e as matérias-primas vão penetrando na rede urbana e se distribuindo ao longo do percurso até alcançar o seu lugar de consumo.

O processo pode ser ilustrado pela indústria automobilística, situada, por suposto, numa cidade grande. Parte de sua produção é vendida às cidades médias. Estas retêm parte dos automóveis que compram, revendendo os restantes às cidades pequenas, juntamente com serviços de comercialização e financiamento dos próprios veículos, de peças de reposição, de assistência técnica etc. As cidades pequenas também consomem uma parte dos veículos, porém revendem o resto aos agricultores, aos quais oferecem também serviços de transporte, de abastecimento de combustível, de reparação, de comercialização de peças, de licenciamento dos veículos etc. O caminho inverso é tomado pelos alimentos, pelos minérios, fibras, resinas etc. produzidos fora da economia urbana e que são necessários à produção de automóveis. É claro que nem todos os produtos percorrem toda "via crucis", sendo comum que alguns saltem algumas etapas. As matérias-primas industriais tendem, em geral, a ser importadas diretamente pelos grandes centros urbanos, sem passar pelas cidades pequenas e médias. Na medida em que esta tendência de excluir os centros menores do circuito afeta maior número de produtos, aqueles centros menores vão se atrofiando, o que vai naturalmente acentuar a hegemonia das grandes cidades na rede urbana.

A rede urbana pode ser encarada como um complexo sistema circulatório entre núcleos de funções diferentes. Cidades pequenas e médias não apenas transmitem às grandes uma parte do excedente agrícola que captam mas também podem lhe vender serviços. Serviços turísticos, por exemplo, são fornecidos por Teresópolis à população carioca e por Guarujá à população paulista. Rendas acumuladas em cidades pequenas e médias podem ser aplicadas nas indústrias dos grandes centros. Neste caso, uma parte do excedente produzido nos centros industriais se incorpora à renda das cidades de menor tamanho. Obviamente o movimento oposto – capital que se dirige do centro à periferia da rede e rendimentos que tomam o rumo oposto – também se verifica. A distribuição nem sempre perfeita do sistema escolar pela rede urbana provoca movimentos de estudantes (e de recursos, portanto) entre as cidades que a compõem. O mesmo pode ser dito em relação ao equipamento de assistência à saúde. A concentração das instâncias jurídicas mais elevadas no centro da rede urbana também provoca o deslocamento centrípeto de recursos econômicos em pagamento de serviços jurídicos e assim por diante.

Como a rede urbana está em permanente processo de transformação, verifica-se em seu seio frequentes transferências de funções que disturbam a circulação de recursos, fazendo surgir pontos de estrangulamento cuja superação requer novas transformações. A decadência de algumas cidades e o congestionamento de outras são sintomas de tais desequilíbrios que a um planejamento eficaz caberia evitar.

Estrutura Interna da Economia Urbana

Se examinarmos, agora, a economia de uma cidade por dentro, verificamos que ela se divide em duas partes: atividades que se destinam ao exterior e atividades que atendem o consumo interno. São as primeiras que definem a função econômica da cidade. Se uma cidade possui um amplo parque industrial, é óbvio que parte da produção será consumida pela própria população da cidade. Mas o fato de que uma parte importante da produção industrial é exportada (para outras partes do país ou para o exterior) é que confere caráter industrial à cidade. Mesmo uma cidade não industrial quase sempre tem alguma indústria de consumo local: padarias, construção civil, olarias etc. O mesmo é verdade quanto aos serviços: qualquer cidade possui, para o atendimento de sua própria população, comércio varejista, serviços de recreação, serviços religiosos etc. Porém são os serviços que ela exporta que lhe definem a função econômica.

A relação entre as atividades de exportação e as de consumo interno no seio da economia urbana é bastante complexa. Como a cidade não é autossuficiente, o seu tamanho é, em última análise, determinado pela sua "capacidade de importar", que resulta primordialmente do valor de sua exportação. Se este for elevado, o nível de renda é alto, o que geralmente atrai imigrantes, acarretando o aumento da sua população e, consequentemente, o desenvolvimento das atividades de consumo interno. Como, no entanto, a distinção entre os dois tipos de atividade é bastante abstrata (a não ser em casos extremos), pois a cidade em geral exporta excedentes de sua produção para o consumo interno, o seu crescimento pode alimentar sua exportação constituindo-se deste modo um processo cumulativo de crescimento. Assim, se uma cidade aplica recursos para aprimorar seu equipamento escolar ou de assistência à saúde tendo em vista atender sua população, a consequência (inesperada) pode ser que surja uma clientela de fora disposta a usar estes serviços.

É claro que o processo cumulativo também se dá no outro sentido. Uma cidade que perde mercado externo para seus produtos vê sua renda estagnar ou mesmo diminuir, com consequências negativas também para suas atividades de consumo interno. O tão debatido "esvaziamento de Guanabara" pode ter tido uma origem desta espécie. A transferência da capital federal para Brasília significou para o Rio de Janeiro a perda de serviços administrativos que a cidade "exportava" ao resto do país. A renda que deixou de fluir para o Rio de Janeiro pode ter acarretado uma redução do mercado para atividades de consumo local, tornando a cidade menos atraente para novas indústrias, que "exportariam" parte de sua produção. Embora o Rio de Janeiro tivesse excelentes possibilidades de compensar a perda sofrida com a transferência de órgãos da alta administração federal para Brasília, a curto prazo seu potencial econômico deve ter sido afetado de modo negativo.

Em suma, é impossível compreender a economia de uma cidade sem situá-la no contexto da rede urbana à qual ela pertence, e sem determinar as funções especializadas que ela exerce. É o número e a importância de tais funções que determinam o tamanho da cidade, o vigor de sua economia e suas perspectivas de desenvolvimento.

ASPECTOS ECONÔMICOS DO PLANEJAMENTO METROPOLITANO

A Economia Metropolitana na Divisão Inter-Regional de Trabalho

A própria existência de áreas metropolitanas num país já implica uma divisão inter-regional de trabalho. Nesta cabem às áreas metropolitanas determinadas funções industriais, comerciais, financeiras etc. A indústria é, em geral, uma atividade tipicamente urbana (exceto as chamadas agroindústrias). Mas há determinadas indústrias que quase necessariamente se localizam em áreas metropolitanas, sendo inclusive um dos importantes fatores de formação destas áreas. É o caso da "grande indústria", principalmente das atividades montadoras (automóveis, navios, aviões, aparelhos eletrônicos) que polarizam um ponderável número de estabelecimentos fornecedores de componentes. Da mesma forma, o comércio atacadista se localiza quase sempre em áreas metropolitanas, quando estas já existem, pelo simples fato de que o tamanho do mercado metropolitano reduz os custos de transporte, quando o centro de redistribuição dos produtos se encontra próximo dele. O mesmo se verifica ainda quanto aos custos de comunicação, no que se refere à localização das atividades financeiras: matrizes de bancos, de companhias de seguros, de financeiras etc., que obrigatoriamente se encontram em áreas metropolitanas. Na área de serviços, há os que atendem necessidades de uma parte restrita da população, geralmente de maior poder aquisitivo, ou necessidades eventuais de toda a população, mas que se manifestam apenas raramente. Estes serviços especializados – teatros, comércio de luxo, clínicas médicas especializadas, agências de turismo etc. – são atraídos às áreas metropolitanas devido à grande densidade e ao tamanho da população nestas áreas, o que lhes proporciona mercado suficiente para desenvolver suas atividades, apesar de só atenderem uma parcela pequena da população.

É importante assinalar que as metrópoles também possuem todas as atividades que se encontram em qualquer outro centro urbano: comércio varejista, pequena indústria, agências bancárias etc., que atendem as necessidades de sua população. Estas são atividades de mercado interno. Quanto às de exportação, para que a economia metropolitana desempenhe adequadamente seu papel na divisão inter-regional do trabalho, convém que ela se *especialize* nas funções especificamente metropolitanas, deixando aos centros urbanos menores as atividades de exportação que não lhes são próprias. Caso contrário, a metrópole não utilizará seus recursos do melhor modo possível e ao mesmo tempo determinará um esvaziamento demográfico e econômico das demais áreas de sua região de influência. Assim, por exemplo, não há vantagem que frigoríficos se localizem em áreas metropolitanas – é melhor que eles sejam estabelecidos nas áreas de engorda do gado.

Embora seja fácil enunciar de modo abstrato as atividades metropolitanas em geral, cada área metropolitana difere de outra, e o planejamento requer o conhecimento específico de sua "vocação", que pode ser definida como conjunto de bens e serviços que ela pode fornecer, em melhores condições, ao resto do país ou ao exterior. São Paulo tem (entre outras) vocação industrial, por exemplo, ao passo que o Rio de Janeiro tem vocação turística. A vocação de uma área metropolitana depende de sua história, de seus recursos naturais, de sua localização e da vontade política de quem dirige os seus destinos. A racionalidade do planejamento consiste em promover as atividades que correspondem à vocação da metrópole superando eventuais obstáculos que a economia de mercado não pode vencer espontaneamente. É preciso procurar, entre as variadas oportunidades que o progresso tecnológico oferece, as que melhor podem ser aproveitadas em cada área metropolitana.

É preciso não confundir a vocação de uma determinada área metropolitana com as tendências históricas de sua evolução econômica. Estas tendências podem se inverter, e é possível que convenha que isso se dê. As áreas metropolitanas das regiões menos desenvolvidas do país apresentam, em geral, uma especialização meramente comercial que decorre do seu próprio atraso. Para se averiguar se uma área, nestas condições, tem vocação industrial, por exemplo, não basta apenas examinar sua evolução pretérita. É preciso, antes de mais nada, fazer um prognóstico de como deverá evoluir o conjunto da economia regional. É em função dos resultados do prognóstico que as verdadeiras potencialidades da área podem ser aquilatadas. Assim, Salvador tem apresentado recentemente índices bastante elevados de industrialização, que resultam, evidentemente, de todo o programa de industrialização do Nordeste, posto em marcha nos últimos dez anos.

Convém, por outro lado, ter sempre em mente que uma área metropolitana comporta uma grande variedade de atividades econômicas. O normal é que ela tenha mais de uma vocação, o que permite ao planejamento explorar ganhos decorrentes da complementaridade interindustrial. O turismo, por exemplo, não requer apenas serviços de hospedagem e de transporte. Ele proporciona mercado para as artes performativas, para o artesanato e para determinadas linhas de comércio. A indústria, por sua vez, demanda serviços de transporte, energia, pesquisa tecnológica etc. No final das contas, o verdadeiro problema do planejamento é menos encontrar a vocação econômica da metrópole do que desenvolver uma metodologia (possivelmente um tipo de análise de custos e benefícios) que permita selecionar aquelas atividades que melhor poderão contribuir para o crescimento da economia metropolitana.

O Acesso Interno à Produção Metropolitana

Nem sempre a população da metrópole consegue usufruir as vantagens que a economia metropolitana oferece. Muitas vezes as barreiras são físicas: o sistema de transporte na metrópole é inadequado ou a localização das atividades não facilita seu acesso. O mercado de trabalho da metrópole é dos mais diversificados, oferecendo melhores condições de satisfação tanto às empresas à procura de talento ou especialização incomuns como aos que procuram exercer atividades em condições favoráveis. É por isso que a metrópole acolhe, em geral, estabelecimentos de atividade criadora – ateliers de arte, agências de publicidade, centros de pesquisa –, e pelo mesmo motivo a ela acorrem artistas, cientistas, pensadores etc. Mas nem sempre é fácil a comunicação entre procura e oferta de força de trabalho, pela precariedade dos meios de transporte. O agrupamento de atividades em determinadas áreas, que já se dá em certa medida de forma espontânea, pode facilitar esta comunicação. Estudando cada caso "de per si", o planejamento pode regulamentar o uso do solo de modo a facilitar não só o contato no mercado de trabalho mas também entre ofertantes e usuários de bens e serviços. Para este fim, o agrupamento pode ser desejável em certos casos e contraindicado em outros. O acesso, pela população mais pobre, aos equipamentos culturais que a metrópole possui pode estar condicionado à sua dispersão pelas áreas onde esta população vive.

É provável, no entanto, que o acesso interno à produção da metrópole seja dificultado, em muitos casos, pela carência de instituições adequadas. O mercado de trabalho pode mais uma vez servir de exemplo. Usualmente, a procura por força de trabalho se faz mediante anúncios em jornais, placas na porta da empresa ou solicitações por canais informais, o que muitas vezes não chega ao conhecimento dos interessados. A oferta de força de trabalho, então, é raramente divulgada, limitando-se a atender a apelos da procura. Falta evidentemente em qualquer mercado de trabalho metropolitano um órgão público – Bolsa de Trabalho ou algo pelo estilo – que organize o contato sistemático entre oferta e procura de força de trabalho. Do mesmo modo, outros tipos de carências institucionais podem ser identificadas e sanadas pelo planejamento, tais como: serviços de orientação profissional, centros de informação ao consumidor etc.

Há que acrescentar, embora seja óbvio, que a localização das atividades produtivas no espaço deve obedecer ainda a outros critérios, tais como o isolamento de atividades poluidoras, a descentralização de atividades que produzem congestionamento de tráfego, a preservação de áreas verdes etc., etc.

O Acesso Externo à Produção Metropolitana

A saúde econômica da metrópole depende, em parte, do "quantum" de bens e serviços que ela consegue exportar, cujo valor vai determinar o "quantum" de bens e serviços recebidos de fora. O planejamento das atividades produtivas da metrópole tem de, por isso, conceder certa prioridade às atividades exportadoras.

Além de estímulos e subvenções a atividades "naturalmente" exportadoras, como a grande indústria, por exemplo, o planejamento deve considerar o acesso externo a determinados serviços que, sendo exclusivos da metrópole, têm de ser consumidos pela população não metropolitana "in loco", onde são produzidos. A economia metropolitana pode obter vantagens consideráveis desta situação. Assim, o planejamento pode propor convênios entre a metrópole e as municipalidades não metropolitanas, no sentido da utilização pelos moradores destas de certos serviços especializados de metrópole: clínicas especializadas, escolas superiores, laboratórios, espetáculos artísticos. É claro que a exportação destes serviços sempre se dá, em certa medida, espontaneamente. A sua organização pode, no entanto, aumentar o volume desta exportação de serviços e ao mesmo tempo reduzir os custos tanto para os usuários de fora, como para os de dentro da metrópole. Quando se trata de serviços públicos gratuitos, é normal que os custos sejam repartidos entre todas as comunidades que os usufruem.

Em última análise, o planejamento pode organizar melhor as relações da metrópole com o exterior, com proveito mútuo para ambas as partes. Para tanto, é preciso que o planejamento determine a natureza e a importância das atividades de exportação da metrópole, suas potencialidades de expansão, e identifique as "áreas-problemas" e o tipo de solução que pode ser aplicado.

O Emprego na Metrópole

Devido à amplidão da economia metropolitana, ela sói oferecer oportunidades de emprego mais amplas e variadas que outras áreas, o que acarreta em geral um maior grau de participação na força de trabalho. É mais frequente que mulheres e jovens que ainda estudam também exerçam atividades remuneradas na metrópole. Não há, por isso, um "problema" de emprego na metrópole que lhe seja específico. Se em determinadas áreas metropolitanas há considerável desemprego, é quase seguro que ele será ainda maior nas áreas urbanas menores e no campo. Neste sentido, não há como resolver o problema nos limites da economia metropolitana, a não ser que se deseje eliminar o desemprego mediante a metropolização total da população*. Isto significa meramente que a elevação do nível de emprego é uma questão que concerne ao planejamento, conforme o caso, regional ou nacional.

Isso não quer dizer, no entanto, que o papel da metrópole na absorção de uma parcela ponderável da força de trabalho regional possa ser negligenciado pelo planejamento. A tendência praticamente universal, em todas as regiões que se desenvolvem, é de uma parcela crescente da população se transferir para a área metropolitana. Seria uma miopia indefensável, para não falar de injustiça e de desumanidade, que o planejamento opusesse barreiras seletivas ao afluxo de migrantes, vedando ou dificultando a fixação na metrópole dos que, aparentemente, têm menos chances de se colocar no mercado de trabalho. O que se impõe é uma ação positiva do planejamento, no sentido de facilitar a absorção, pela economia metropolitana, da oferta de força de trabalho proveniente tanto da imigração quanto do incremento vegetativo da população. Para tanto, é indispensável estimar a evolução futura da demanda por força de trabalho, não apenas global, mas por níveis de qualificação, de modo a poderem ser tomadas medidas concretas, no campo da educação e do treinamento profissional, para adequar a oferta de mão de obra aos requisitos da demanda.

Outra tarefa do planejamento especificamente metropolitano na área do emprego consiste principalmente em aperfeiçoar o mercado de trabalho, melhorando as instituições existentes ou criando novas. A sugestão, feita acima, da criação de Bolsas de

---

* Na medida em que o nível de emprego se elevasse mais depressa na metrópole do que na sua área de influência, maior seria o fluxo de migração à metrópole, cujo resultado seria transferir para dentro da metrópole o desemprego de fora.

Trabalho parece ser de aplicação geral em todas as áreas metropolitanas, pois, devido ao tamanho destas, a organização informal do mercado de trabalho é demasiado ineficiente. Assim como os que oferecem sua força de trabalho, numa metrópole, não podem ler os jornais nem ver todas as placas em estabelecimentos, tampouco estes podem submeter a exames de seleção todos os possíveis candidatos. Uma organização que centralizasse esta atividade pouparia esforços consideráveis de lado a lado e poderia promover o aperfeiçoamento da mão de obra, mediante cursos de treinamento e retreinamento bastante adaptados às necessidades da procura por força de trabalho.

 O registro e o encaminhamento de todos os que oferecem sua força de trabalho na metrópole por um órgão que recebesse ao mesmo tempo todas as solicitações da procura teriam por efeito lateral, mas não desprezível, a reunião de informações vitais para o planejamento dos equipamentos "sociais" da metrópole: escolas, centros de saúde, áreas de recreação etc.

APRENDER ECONOMIA

Paul Singer

Se saber economia é hoje uma necessidade, nada melhor do que um livro preocupado com as pessoas comuns que, na maioria das vezes, não conseguem entender o "economês" que ouvem ou leem por aí. Em *Aprender economia*, o renomado economista e professor titular da USP, Paul Singer, trata a economia numa linguagem acessível e, didaticamente, consegue transmitir conhecimentos indispensáveis ao exercício da cidadania.

CADASTRE-SE
EM NOSSO SITE,
FIQUE POR DENTRO DAS NOVIDADES
E APROVEITE OS MELHORES DESCONTOS

LIVROS NAS ÁREAS DE:

História | Língua Portuguesa
Educação | Geografia | Comunicação
Relações Internacionais | Ciências Sociais
Formação de professor | Interesse geral

ou
editoracontexto.com.br/newscontexto

Siga a Contexto
nas Redes Sociais:
@editoracontexto